빨간 불 다음 초록 불

김희영 산문집

작가의 말

　살아오면서 중요한 결정은 마음이 시키는 대로 했다. 총사령관인 줄 알았던 머리는 큰 힘을 쓰지 못했다. 아무리 생각해도 머리가 하는 말이 맞는대도 가슴이 자꾸만 고집을 부렸다. 수술하지 않고 암과 동행하기로 한 것도, 주택살이도, 조기 퇴직도 그렇게 결정했다. 엔진이 달린 가슴이 한 일이라 그런지 동력을 잃지 않고 그럭저럭 지내고 있다. 몸의 일부로 받아들인 암과 싸우지 않고, 좌충우돌 주택살이에도 적응하고 있다. 마트만 가면 언제든 채소를 구할 수 있는 편리함 대신 제철이 될 때까지 기다리는 순응을 배우고 제 맛이 주는 기쁨을 누린다. 고개만 돌리면 마주하는 자연에서 나는 자연에 속한 존재임을 알아차린다. 냉철한 머리가 내린 결정을 따랐다면 만나지 못했을 삶이다.

　중학교 때 살고 싶은 집을 그려보라는 과제가 있었다. 화단이 술렁이고, 텃밭이 푸른 주택을 그렸다. 가끔 그 기억이 불쑥 튀어나왔다. 그 꿈처럼 주택살이를 그려 왔다. 텃밭을 만들고, 화단에 꽃과 나무를 심고, 해 잘 드는 집에서 책 읽다가 꽃과 어울리는 일상은 어떨까, 생각하곤 했다. 아주 먼 훗날 일일 줄 알았는데 이른 시기에 그 꿈 같은 풍경이 실현되었다. 조선시대 선비가 오늘날에 온다면 나처럼 지내지 않을까.

    달라진 삶 덕분에 이미 존재했으나 지금껏 보지 못한 세상을 만난다. 내가 밟는 땅이 달리 보이고, 아무렇게 자란 길가 나무를 다시 보게 된다. 무심코 보아넘긴 길고양이의 잘린 꼬리와 함부로 버려진 것들. 무엇보다 나를 땅바닥에 패대기친 시련과 넘어진 내게 내밀던 손길. 그때 느꼈던 낯섦과 신기함, 생경함, 분노, 미안함, 부끄러움, 고마움을 새롭게 볼 힘을 얻었다.

    글을 쓸 수 있도록 응원해준 수많은 눈빛을 기억한다. 영혼을 치유하고, 타자와 공명하는 이 경이로운 모험에 뛰어들도록 아낌없이 격려해준 이들은 별과 같은 존재이다. 다니지 않아도 타자의 삶을 체험하게 해주는 유무형의 책은 자주 길을 잃는 내게 나침반이 되어준다. 화려한 도시를 살던 나를 넘어뜨려, 책 읽고 글 쓰는 도시 농부라는 가슴 뛰는 길을 열게 한 나의 시련에 감사한다.

2024년 8월
선유당에서 김희영 씀

차례

작가의 말

I

두 번째 직업 _ 011

꽃밭에서 _ 018

진짜 공부 _ 027

오늘의 실험 _ 035

벌이 사라졌다 _ 042

청구인이 된 이유 _ 052

똥이다 _ 058

코스모스에 닿다 _ 065

II

나의 사랑이 끝날 때 당신의 사랑이 시작된다 _ 077
캘리포니아 아저씨 _ 083
개미 _ 089
들고양이와 집고양이 _ 096
새로 얻은 이웃 _ 102
나의 마들렌 _ 115
냄새, 세상 _ 125

Ⅲ

발가락 _ 137

거울 앞에서 _ 143

고동색 스웨터 _ 150

잊히지 않는 얼굴 _ 157

매료된 순간들 _ 164

토요일 오후 2시의 여행객 _ 171

불타지 않은 기억의 수집자 _ 178

Ⅳ

선물 _ 193

두 친구 _ 199

어떤 혁명, 웃음 _ 206

백설 공주 _ 214

환상 속에 내가 있다 _ 221

봄날의 등산 _ 228

빨간 불 다음 초록 불 _ 235

I

두 번째 직업

초여름 뙤약볕이 지나간 자리에 주먹만 한 호박이 열리고 방아와 깻잎이 화수분처럼 끝도 없이 잎을 내민다. 한쪽 구석에서는 지붕을 향해 줄기 뻗은 오이가 한두 개 매달린 자그마한 텃밭. 2층 주택 옥상에 자리잡은 우리집 텃밭이다. 한손 가득 딴 고추랑 방아잎을 떨어뜨릴세라 조심조심 계단을 내려오는 아이 얼굴은 전쟁에서 이긴 장수보다 더 의기양양하다. 그 눈부시던 기억은 늘 나를 미소짓게 한다. 바쁜 일상이었지만 밭에 물 주고 채소를 쳐다보고 있노라면 시간 가는 줄 몰랐다. 잘 자라던 오이가 썩어 들어가는데 이유를 몰라 발을 동동 구르면서도, 도시에서만 자라 식물 이름은 물론이고 곤충 이름, 새 이름도 모르는 완전 도시 여자인 내가 도시 농부를 꿈꾸게 되었다.

아이를 키우기 위해 친정 근처 주택 2층으로 이사했다. 어느 해 여름 무진장 더웠다. 어머니는 지나가는 말로 옥상에 텃밭을 만들면 단열 효과도 있고, 푸성귀도 먹을 수 있다고 했다. 그런 가성비 좋은 방법이 있다고? 봄을 기다려 옥상에 텃밭을 만들었다. 시골에서 나고 자란 어머니는 옥상 한쪽을 밭으로 만드는 방법에서부터 채소 키우고 거름주기까지, 지금껏 한 번도 생각해 보지 않은 농사로 눈을 돌리게 했다. 어머니 덕분에 처음 만든 조그만 텃밭에서 꽤 여러 채소를 키울 수 있었다.

이번 생에는 어려운 일인가, 틈나면 주택지를 둘러보고, 치솟는 땅값과 쥐꼬리만 한 밑천 사이에서 체념하기를 반복하는 세월을 보냈다. 그렇게 꿈이 옅어져 가던 때, 덜컥 아팠다. 일상을 유지하기 힘들 정도로 나빠진 건 몸을, 몸의 출발이 되는 자연을 잃어버렸기 때문 아닐까. 자연인 몸이 보내는 신호를 알아차리지 못하니까 강제로 때려눕힌 건 아니었을까.

병이 들어서야 그동안 돌보지 않은 내 몸과 영혼이 실은 다른 삶을 원하고 있다는 걸 알아차렸다. 내 리듬대로 살기에는 너무 빠르고 바쁜 도시를 벗어나고 싶었다. 시내를 벗어나 조용한 주택에 가서 텃밭을 만들고, 채소를 키워 먹으면서 지내고 싶다던 소망이 다시금 꿈틀대기 시작했다. 드디어 꿈이 이루어졌다. 이곳 조용한 동네, 텃밭이 있는 주택으로 이사 왔다.

어릴 적 종이에 그려본 적 있는 소박한 집이 드디어 현실이 되었다. 퇴근하여 골목 입구에 들어서면 기분이 좋다. 인구밀도가 낮은 곳에서 느낄 수 있는 한적함과 서늘함이 나를 반긴다. 마을 공기가 일터에서 돌아오는 몸을 이완시킨다. 이 헐렁함이 마음을 편안하게 한다.

옥상 텃밭 농사 몇 년과 옥수수 농사 일 년 경험이 전부인 나를 주변에서는 불안한 눈으로 쳐다본다. 어머니는 더 그렇다. 물정 모르고 농사를 지어본 적 없는 딸이 고생할 거라 걱정이다. 당연하다. 어설프겠지. 처음부터 유능하게 해내지 못할 수도 있다. 뭐, 그러면 어떤가. 드디어 밭을 구했다. 그게 중요하다. 때는 겨울. 봄도 오기 전인데 우리는 벌써 무슨 채소를 가꿀지 이야기 나눈다. 남편은 자기가 좋아하는 고추, 호박을 꼭 키울 거란다. 나도 질 새라 내가 즐겨 먹는 상추, 오이, 배추는 꼭 키워야 한다고 말한다. 맞다, 여름철 미각을 잃지 않게 해주는 가지도 키워야 한다. 겨우내 무엇을 키울지, 어디다 심을지 그 이야기로 시간을 보낸다. 밭이 모자랄지도 모르겠다.

도시에 살면서 이런 소망을 가진 사람이 나만은 아닌 모양이다. 얼마 전 읽은 기사에서 서울 도시 농부가 2011년 45,000명이었는데 10년도 안 된 2019년에는 640,000명으로 늘어나 그사이 14배가량 증가했다고 한다. 그들은 건물 옥상이나 베란다에서, 한 뼘되는 자투리땅에서 농사를 짓는다. 24시간 불이 꺼지지 않는 도시와 호미질하고 물 뿌리는 도시 농부는 안 어울릴 조합이다. 하지만 2019년 통계로 서울시민 15명 중 한 명이 직간접적으로 도시 농업에 참여하고 있다.

도시 농부가 늘어나는 건 다른 곳 역시 마찬가지이다. 눈 둘 데 없이 옆으로도 위로도 꽉 막힌 도시에 숨통을 틔우는 농부들 소식이 들려온다. 일본, 미국, 독일, 프랑스… 셀 수 없는 도시에서 농부는 기업과 협력하여 건물 실내 온도를 낮추는 실험을 한다. 정원을 만들어 꿀벌을 불러들이는 프로젝트를 한다. 건물 옥상에다 작은 논을 조성하여 먹거리를 생산한다.

팔순이 넘은 외삼촌도 도시 농부다. 퇴직하기 직전 터만 남은 외가에 조그만 농막을 짓더니 퇴직 후부터는 본격적으로 농사를 지으러 다닌다. 주중에는 바쁜 도시인의 삶을 살다가 주말이 되면 밀짚모자 쓰고 장갑 끼고 장화 신은 채 밭을 일구는 농사꾼으로 탈바꿈한다. 외숙모는 도시에서 나고 자란 도시 여자이고, 예순이 넘도록 손에 흙 한번 묻혀 본 적이 없다. 그런데 외삼촌을 따라다니면서 배추, 오이, 상추, 고추, 무 농사를 짓다 보니 이젠 척척박사다. 일주일에 두세 번도 좋고, 바쁠 때는 며칠씩 머무르기도 하면서 채소를 가꾼다. 올해 김장하라고 무와 배추를 가져오셨다. 이웃에서 얻은 소똥 거름 덕분에 무와 배추는 한 손으로 들 수도 없을 만큼 큼지막하고 맛은 더 좋다.

외삼촌처럼 은퇴 후에 소일거리로 시작하는 이도 있지만, 다양한 장소에서 다양한 형태로 이루어지는 만큼이나 농사를 짓게 된 동기도 다양하다. 내가 키우니 안심하고 먹을 수 있다고 말하는 나 같은 소박한 이가 있는가 하면, 지구온난화로 인한 더위, 갑작스러운 홍수, 증가하는 이산화탄소 문제를 해결할 생명산업이라는 사명감에서 시작하는 이도 있다. 식물이 일으키는 순환의 소중함, 더불어 생명의 신비로움을 경험해 보고 싶다는 가슴 따뜻한 사연도 있다. 저마다의 이유로 도시 농부는 회색 도시에 초록 바람을 일으키고 있다.

아직 농사는 시작도 못 했지만, 초보 중에서도 왕초보이겠지만 이왕이면 제로 웨이스트Zero Waste를 시도해 보려고 한다. 제로 웨이스트는 쓰레기를 최소화하거나 아예 없애는 세

가지 무無를 실천하는 농사법이다. 세 가지 무란 땅을 갈지 않아 땅속 미생물을 살리고 탄소를 가두어 두는 무경운, 화학비료 없이 자체 순환으로 해마다 다시 땅이 비옥해지도록 하는 무투입, 마지막으로 천적과 같은 자연의 힘을 이용하는 무농약이다. 작은 땅에서 식구 먹을 정도만 얻는 우리는 이 세 가지를 지키는 게 그다지 힘든 일은 아닐 것이다. 고작해야 민달팽이하고 배추흰나비 애벌레 같은 풀벌레랑 나누어 먹는 정도일 테니 말이다. 틈만 나면 동네 밭을 보러 다닌다. 비닐을 쓰지 않는 밭이 없다. 제로 웨이스트를 실현하는 게 생각만큼 쉽지 않을 수 있겠다. 지어봐야 알 일이다.

생계만을 위한 노동이 아니라는 전제를 달면 죽을 때까지 일하는 것이야말로 요즘 세상에서 가장 큰 축복이라고 노화 전문가들은 말한다. 건강과 재미, 보람, 거기다 사회적 인정까지 누리기 때문이다. 외숙모가 아이구, 허리야 하면서도 호미를 놓지 않는 이유가 바로 이 때문이다. 외삼촌이 이제 못 하겠다, 올해가 마지막이다, 이야기하신 지 벌써 몇 년째이다. 하지만 당분간은 이 즐거운 노동을 중단할 수 없으리라 장담한다. 은퇴 후 활기찬 삶을 영위하기 위해 책 읽고, 여행하는 것도 좋지만 새로운 분야에 도전하는 일만큼 좋은 건 없다고 한다. 맞는 말이다. 새로운 도전을 떠올리면 저절로 입가가 실룩거린다. 왜 빨리 봄이 오지 않느냐고 성화를 부린다. 누구도 아닌 나만을 위해 선택한 두 번째 직업은 매일 밤 즐거운 꿈을 꾸게 하고 아침을 기다리게 한다. 나를 살게 한다.

꽃밭에서

　이사 오고 겨우 두 계절이 지났을 뿐인데 화단 가꾸고, 작물 재배하는 재미에 푹 빠졌다. 나를 주택살이로 이끈 상추를 볼 요량으로 잠깐 나가서 얼마나 자랐나 보고 와야지, 나선다. 하지만 막상 나가면 '잠깐'이 한 시간이 되기도 하고 두 시간이 되기도 한다. 시간이 그리 짧을 줄이야. 때로 상추 보러 갔다가 바쁘게 오락가락하는 개미가 눈에 들어온다. 때로는 어디서 시작되었는지 알 수 없는 민들레 흔적을 따라다니기도 한다. 고작 그랬을 뿐인데 말이다.

　일요일의 산책을 즐기는 사람과 자연을 사랑하는 사람에게는 이제 다시 좋은 때가 왔다. 그들은 이리저리 돌아다니며 새 생명이 움트는 기적을 만족스럽게 바라볼 수 있을 것이다. (…)

그들은 이런 사색에 잠기지만 아무 걱정도 하지 않을 것이다. 눈앞의 것을 즐길 뿐, 밤서리나 풍뎅이 따위, 쥐나 다른 해로운 것을 염려하지 않아도 되기 때문이다. 하지만 정원을 가진 사람은 이런 봄날 그런 명상에만 잠겨 있을 수 없다. 그들은 이리 저리 거닐다 지난겨울 처리했어야 할 일들을 게으르게 흘려보냈음을 문득 깨닫는다. 올해는 어떨까 생각하면서 지난해에 제대로 돌보지 못했던 나무와 꽃밭을 근심 어린 눈으로 살핀다.*

사실 헤르만 헤세의 『정원 일의 즐거움』을 읽을 때만 해도 내가 이런 걱정에 나무를 살피고, 화단에 시험 삼아 아주 조금 심었을 뿐인 딸기 모종이 너무 자라 새로 심을 자리를 마련하느라 고심하리라고는, 어떤 채소를 어느 자리에서 가꾸어야 할지 그려보느라 꼼짝 않고 서 있게 되리라고는, 그래서 헤세처럼 몇 시간을 밭에서 보낼 수 있으리라고는 꿈에도 생각하지 못했다. 다만 그의 자랑 같은 정원 가꾸기를 지루하게 읽었음에도, 언젠가는 땅을 밟고 화단을 가꿔보리라는 희망으로 재미없던 그 책을 버리지 않았다. 마당이 있는 집으로 옮기고 나서 책을 다시 들여다보았다. 끝이 없던 그의 정원 사랑이 눈에 들어오고, 마음에 들어 왔다. 그렇지, 그래, 맞아. 나도 그

---

* 헤르만 헤세 지음, 두행숙 옮김, 『정원 일의 즐거움』, 이레, 2001, 10~11쪽.

래. 손길을 기다리는 텃밭과 화단으로 가서 시간을 잊는 나에게 헤세는 책 속 사진에서처럼 미소 지어주리라.

아직은 겨울옷이 더 익숙한, 낮이 되어야 햇볕에 움츠린 어깨를 펼 수 있는 계절에 홀로 피어 친구를 기다리던 수선화. 기다란 잎 몇 개 사이로 뻗어 올라온 줄기, 그 끝에 달린 샛노란 꽃, 홀로 피어난 노랑을 시샘하는 바람에도, 계절을 뒤로 돌리려고 달려드는 차가운 비에도 끄떡없었다. 그리고 봄을 깨웠다. 노란색이라면 빠질 수 없는 봄의 전령사, 민들레. 키 작은 노란 민들레가 피었다. 윤기 없이 퍼석했던 마당에 띄엄띄엄 피어나 생기를 가져다주는 노란 꽃을 귀한 손님이라도 맞이하는 듯 호들갑을 떨었다. 하얀 민들레가 있음을 처음 안 날, 생애 최초의 발견에 흥분했다. 식물에도 동물에도 문외한인 내게 자연이 보낸 봄편지였다. 꽃 앞에 쪼그리고 앉아 소식을 주고받았다. 한결같은 초대에 이제야 응답하는 나를 기꺼이 품어주는 자연이었다.

하얗고 자그마한 바람개비같이 생긴 꽃이 얼굴을 내밀더니 드문드문 피어났다. 담장에 피어난 백화등은 자그마한 몸집이 날아갈 듯 날렵하지만, 새초롬한 생김새와 달리 향기는 은은하다. 외출 후 집으로 돌아오면 멀리서도 알 수 있었다. 하여 오가는 길, 꽃 한 번 쳐다보고, 냄새 한 번 맡아보고. 그 앞에서 시간 가는 줄 모른다. 백화등은 지나가는 이들의 발길을 붙들었다. 골목에서 자주 두런거리는 소리며 사진 찍는 소리가 들려왔다. '나를 사랑해 주세요.'라는 꽃말의 비올라. 팬지보다 꽃이 작은데, 그 작은 꽃잎마다 색깔이 달랐다. 그래서 삼색제비꽃이란 이름이 붙었나 보다. 꽃말이 아니어도 사랑하지 않을 수 없었다. 여기저기 핀 비올라를 이쁘게 키울 요량으로 정성스럽게 캐어다가 한곳에 모아 심었다. 뿌리 상할까 조심조심하면서. 그 밖에도 이름도 다 알 수 없는 들꽃이 꽃밭에서 자라나 계절이 짙어갈수록 자태를 드러내었다. 어디 숨어 있다가 불쑥불쑥 피어오르는지. 처음으로 유심히 살펴보았다. 나태주 시인 말이 맞았다. 자세히 보니 이쁘다, 오래 보니 사랑스럽다.

 이런 생각으로 놔두니 마당이며 텃밭 주변에 제가 주인인 양 풀이 잔뜩 들어앉았다. 한동안 눈을 즐겁게 해주었지만 꽃이 지고 난 수선화 줄기는 시커메져 보기 흉하다. 키 작은 노란 민들레는 소나무 아래에든, 수돗가 근처에서든 어디든 피어났다. 이젠 봄을 부르던 노란색도 반갑지 않다. 앙증맞지도 않다. 잔디밭에 내려앉아 잔디를 이기고 기어이 자리 잡은 생명력이 밉다. 향기 은은한 백화등의 생장 능력도 버겁다. 담장은 말할 것도 없고 옆에 있는 무엇이든 닿기만 하면 감고 올라간다. 그래서 듬직하게 서 있는 소나무를 마구 휘감는 백화등 줄기와 씨름하게 될 줄은 정말 몰랐다. 비올라도 어찌나 번식력이 뛰어나던지 어떤 곳에서도 뿌리를 내리고 꽃을 피운다. 모아 심어주지 않아도 될 뻔했다. 한 치 앞을 모르는 인간, 바람보다 더 가벼운 인간의 마음이다. 자연과 더불어 살지 않았기에, 생태를 알지 못하는 무식쟁이였기에 더욱 그럴 테다. 보기에 이뻐서 좋아라만 했지 무턱대고 자라는 식물에 놀라고 무력해지는 주택살이 첫 봄이다.

 늘 산책하는 수영강 풀은 아무렇게 자라도 이뻐 보이던데 우리 집에서 자라는 풀은 하나도 이뻐 보이지 않는다. 헤세는 어떻게 이런 모습을 참은 걸까. 또다시 의심이 고개를 쳐든다. 기죽지 말고 살아보라고, 꽃 피워보라고, 참 좋다고, 태연하게 이런 시를 읊조린 걸 보니 나태주 시인도 자기 집에 자라는 풀을 보고 지은 시는 아닐 거야. 안 되겠다. 텃밭 주변에 자라올라 채소를 위협하는 풀부터 뽑기로 했다. 미안하다. 너희가 싫어서 그런 건 아니야. 내가 감당하지 못해서일 뿐이야. 너희를 버리지 않는 방법을 생각해 볼게. 처음엔 주춤주춤, 중얼중얼하던 손길에 점점 힘이 들어간다. 처음 들었던 미안한 마음은 간 곳이 없다. 신들린 호미질로 텃밭 주변이 깔끔하게 정리됐다. 기분까지 상쾌하다. 화단에 자리 잡은 풀까지 정리하는 건 너무 했나. 좀 지켜보기로 할까.

　보기 좋을 만하던 화단이 5월이 되니 풀이 걷잡을 수 없이 자란다. 다시 고민에 빠진다. 마당에 자라는 풀만 뽑기로 한다. 잔디와 잡초를 구분 못 한 초보는 잔디까지 뽑는 만행을 저질렀지만 한번 시작한 손길이 멈추어지지 않는다. 어설픈 손길에도 마당이 한결 깨끗하다. 그건 확실히 잡초였다. 뽑은 풀을 모아 쥔 손이 의기양양하다.

　꽃도 풀도 없던 황량한 겨울을 보내고 이른 봄에 생명이 땅 위로 제 몸을 밀어올릴 때는 귀하고 반갑고 이뻤다. 어느새 쳐다보고 또 쳐다보고, 사진 찍고 자랑하던 그 마음이 간 곳 없다. 마당 가득 피어난 풀과 꽃이 귀찮아지고, 보기 싫어진다. 치우기 힘드니까 이런 마음이 생긴다. 아, 변덕스러운 마음이여. 처음 그 마음이 시들지 않는다면 이런 일도 생기지 않을 텐데.

　꽃과 풀에만 그런 건 차라리 다행이다. 도시 외곽인 우리 동네에는 유독 꼬리 잘린 길고양이와 목끈이 없는 개가 많이 돌아다닌다. 오래도록 마음을 아프게 한 장면이 있다. 우리 가족은 한동안 매일 오후 산책했다. 어느 날 색깔이 온통 까만 개 한 마리가 의젓하게 의자 옆에서 자리를 지키고 있었다. 주인을 기다리는가 보다, 생각하고 지나쳤는데 다음 날도, 그다음 날도 자리를 지키고 있었다. 개는 한 달을 지나고 한 계절이 지나도록 처음 그 자리에 있었다. 그러고도 한참 시간이 흐른 뒤 하얀 털을 가진 개가 그 개와 같이 있었고 어느 때부턴가 둘은 함께 돌아다니기 시작했다. 이제 반려자를 찾은 개는 안정도 찾았을까. 둘은 헤어지지 않고 잘 지낼까.

하지만 세상에 변하지 않는 게 있나. 아침에 떠오른 해도 저녁에는 지고, 하늘가 구름도 잠시를 가만있지 않는데. 텅 빈 마당에 떨리는 호흡으로 탄생을 고하던 수선화도 한 계절을 넘기지 못하고 고개 떨구는데. 어디에서도 기죽지 않던 젊은 피부도 처지고, 미세하고 야트막해서 알아보기도 어려웠던 주름도 점점 깊이를 더해서 결국 온몸을 점령하고 마는데. 세상 모든 몸과 정신, 어느 하나도 그대로인 게 없는데. 그래서 오랜 세월에도 변함없는 그 무엇보다는 흔들리고 시름하고 변하는 게 훨씬 더 자연스러운 일이다. 그러니 막지 못할 일이다. 그러기에 손등을 할퀴던 발톱조차 귀엽던 새끼 고양이가 몸뚱이가 커져, 제 딴에는 좋다고 덤벼들 듯 내미는 앞발에 흠칫 놀라게 되는 우리가 아닌가 말이다. 대소변 뒤치다꺼리하는 게 귀찮아질 즈음 개를 보며 고양이를 키울 걸 그랬어, 억센 손으로 뒤처리를 하며 투덜거리는 우리가 아닌가 말이다.

봄이 무르익으니, 텃밭 채소만 자라는 게 아니다. 정말 이건 몰랐다. 풀은 채소보다 더 잘 자란다. 곧 신들린 호미질을 다시 해야 한다. 미안하다. 시시때때로 달라지는 내 마음을 이해해 주렴. 하지만 너를 사랑하고 있단다. 너와 함께하는 행복까지 잊은 건 아니란 걸 기억해 주렴.

> 어딘가에 내 집을 갖고 한 조각의 땅을 사랑하며, 그 땅을 단지 관찰하거나 그림으로 그리는 데 그치지 않고 경작하여 곡식을 재배하고 농부들이나 목장 사람들과 함께 행복을 맛보는 것, 지난 2천 년 동안 반복되어 온 베르길리우스의 《농경시》의 리듬에 참여하는 것, 그것은 내게 멋지고 부러움을 살 만한 행복처럼 여겨졌다.[**]

사납게 호미질하지만 나도 그렇다. 단지 땅을 관찰하거나 그림 그리는 데 그치지 않고 경작하여 채소를 재배하는 기쁨을 맛보는 일, 그 일은 누구도 아닌 내게 멋지고 부러웠던, 오래 그려온 삶이 아닌가. 오늘은 해 좋고 바람 좋은 때를 골라 풀 베는 고됨은 잊고, 시도 때도 없이 변하는 마음도 잊고, 해를 즐기고 간지럼 태우는 바람을 즐기겠다. 희망과 탄

[**] 앞의 책, 122쪽.

생과 기쁨을 말하는 계절 봄. 대문 안에서 갖은 색채와 향기로 향연을 베푸는 이 찰나의 눈부심을 누리겠다. 변하는 마음을 붙들어 가며 사랑해야겠다. 아니다. 또 잊었다. 변해가는 마음은 붙들지 못할 일. 이 순간의 행복을 즐기리. 그리하여 잠깐의 환희를 위해 풀 베는 고됨을 기꺼이 견디리.

진짜 공부

구름이 엷게 펼쳐진 하늘. 푸른 에메랄드빛 바다에 점을 찍은 듯 작은 섬 하나. 파도조차 고요하게 밀려오는 섬. 6·25전쟁 때도 전란을 피해 '평일도'라는 별명이 붙었다는 완도 작은 섬 금일도. 자식들 하나 둘 떠나보내고 나이든 이들만 남아 쓸쓸하던 이 곳에 변화의 바람이 불었다. 정부가 실시한 수산 인력 양성사업으로 젊은이들이 고향으로 돌아왔다. 그들은 부모가 해오던 전복 양식업을 물려 받았다. 섬에는 다시 아이 뛰노는 소리가 들리게 되었다.

그런데 희망으로 일구던 바다 밭에 사달이 났다. 코로나는 어찌어찌 이겨냈는데 후쿠시마 오염수 방류 문제가 터졌다. 안전을 염려하는 사람들을 설득하지 못해 전복 매출이 바닥을 모르고 떨어지던 때에 수온이 높아졌다. 여름이야 온도가 높아지는 게 당연하지만, 이번 여름 완도 바닷물 온도는 너무 높이 치솟았다. 7월 하순부터 9월 중순까지 폭염이 계속되었다. 그 바람에 여름 전에 팔리지 못한 전복이 죽어가기 시작했다. 자기 힘으로 바닷물 온도를 내리지 못하는 금일도 젊은 양식업자는 도저히 이길 수 없는 기후와 무력한 생존 전쟁을 벌인다.

기후와 생존 전쟁을 하는 이들이 어디 금일도 양식업자뿐일까. 바닷속에서 아무것도 못 하고 떼죽음을 당한 전복도 마찬가지였을 터이다. 자기 생체에 맞는 온도를 찾아 재빠르게 이동하지 못하는 생물은 바다에서든 육지에서든 완도 전복처럼 죽음을 맞이한다. 변한 기후에 맞춰 이동하지 못한 한라산 구상나무 역시 전복과 같은 운명이 기다리고 있다.

기품이 있는 모습으로 사람들의 눈길을 사로잡는다는 한라산 구상나무가 몇 년 전부터 무너져 내리기 시작해서 군락지는 폐허가 되었다. 우리나라에서만 사는 구상나무는 더위에 취약해서 한라산이나 지리산, 덕유산같이 1,000미터가 넘는 높은 데서만 산다. 그렇게 높은 데 살아도 재앙을 피하지 못했다. 뿌리를 드러내 놓은 채 맥없이 쓰러졌다. 아직 살아 있는 나무도 마치 폭격이라도 맞은 듯 한쪽이 무너졌다. 울창했던 상록수는 잎이 떨어지고 허옇게 변한 줄기만 앙상한 몸둥이를 드러낸 채 서 있다. 봄이 와도 꽃을 거의 피우지 않는다고 하니 구상나무가 자기 죽음을 준비하는 것만 같다. 한라산 꼭대기에 올라 구상나무를 보던 기억이 있는 사람이라면 슬프겠다. 아메리카에서는 산불이, 유럽에서는 가뭄이, 북극에서는 녹아내리는 빙하가, 곳곳에서 숨어 있던 바이러스가 우리를 위협하고 있다. 인간이 올려놓은 기온 때문에 지구에 사는 온생명이 치명적인 위험에 놓였다.

언제까지 이런 기사를 보게 될까. 두려움이 앞선다. 우울해진다. 우울해지는 나를 방치하면 슬픔이 굴러가는 눈덩이처럼 커지고, 몸에서 힘이 빠져나가 버린다. 이대로 놔두면 '기후 우울'이라는 반갑지 않은 병이 찾아올 테니, 이럴수록 무력감 대신 똑똑해지기를 선택하기로 한다. 하지만 내가 할 수 있는 일이 있을까. 전복을 좋아하는 내가 부산에서 완도 전복을 위해, 기품 넘치는 한라산 구상나무를 위해 할 수 있는 일이 있을까. 탄소를 줄일 방법이 있기는 할까.

바닷속 공기청정기란다. 고래가 바다의 왕자라는 말은 들어봤어도 바닷속 공기청정기라는 말을 들어본 적 없다. 몸속에 이산화탄소를 저장하는 생물이 고래만은 아니다. 사람도 식물도 어떤 생물이든 이산화탄소를 저장하지만, 고래에 비할 바는 못 된다. 한 그루 나무가 흡수하는 이산화탄소는 몇

십 킬로그램이다. 그렇다면 몸집이 큰 고래는 얼마나 되는 이산화탄소를 저장할까. 참고래나 향유고래같이 거대한 고래는 몸속에 이산화탄소를 33톤가량 저장하고 있다. 고래가 죽으면 33톤의 이산화탄소와 함께 바닷속 깊은 데 가라앉는다. 사람 손으로 이산화탄소 33톤을 묻는다면, 어마어마한 인력과 경비와 시간이 들 테지만 한 마리 고래가 잘 살다가 자연사하면 돈과 시간과 노력 하나 들이지 않고 그 많은 이산화탄소가 해저 퇴적물로 매립되는 셈이다. 33톤이 얼마나 되는 양일까. 나무 1,500그루가 한 해 동안 흡수하는 이산화탄소량이란다. 그러니 고래는 바닷속 공기청정기가 맞다. 또한 고래는 거대한 탄소 저장고이기도 하다. 고래가 탄소를 저장하는 덕분에 산소가 더 많은 바다를 만들 수 있다. 우리 바다에 참고래와 향유고래가 산다면 바다에 울창한 숲이 만들어지는 효과를 얻을 수 있었다. 우리가 할 일은 없다. 그저 바다에 고래가 살게 하면 된다.

그러나 전복이나 구상나무가 죽지 않는 환경을 만들어 주는 일만큼이나 고래가 마음껏 뛰놀 수 있는 환경을 만드는 일이 쉽지 않다. 우선 포획을 금지하기로 한 약속을 잘 지켜야 한다. 고래가 죽는 이유가 자연사나 포획만은 아니다. 쓰레기도 중요한 이유가 된다. 해안에 떠밀려 와 죽은 고래 뱃속을 갈라보니 먹이는 없고, 플라스틱이나 비닐 같은 쓰레기만 가득하더라는 기사는 더 이상 놀라운 내용이 아니다. 고래가 마음껏 뛰놀려면 바다에 쓰레기를 버려서는 안 되고, 플라스틱이나 비닐 같이 썩지 않은 물건을 덜 써야 한다. 다 쓴 플라스틱이나 비닐은 재활용할 방법을 찾아야 한다. 개인도 기업도 정부도 자신이 할 수 있는 일을 해야 한다. 각자 자리에서 각자 해야 할 일을 하도록 강제적으로라도 촉구해야 한다. 이 새로운 앎은 몸에서 빠져나간 기운을 돌아오게 하고 느려진 심장을 움직이게 한다.

땅에서 탄소를 잡아두는 방법도 있다. 저탄소 농업이 그걸 가능하게 한다고 말하는 이들이 있다. 저탄소 농업은 탄소가 덜 발생하는 방식으로 농사를 짓고 더 많은 이산화탄소를 땅에 저장하는 농업이다. 우선 농사짓는 행위 자체로서도 탄소를 줄일 수 있다. 농사를 짓거나 식물을 키우는 일은 이산화탄소를 흡수하도록 돕는 가장 손쉬운 탄소 저장 방식이다. 그래서 어떤 이는 이렇게도 말한다. 화분이나 옥상에 식물을 가꾸는 일이 텀블러를 가지고 다니는 것만큼이나 일상생활에서 쉽게 실천할 수 있는 기후 행동이라고.

식물이 탄소를 빨아들이도록 하는 일 다음으로 쉬운 방법은 토양에 탄소를 가두는 일이다. 농사가 잘 되려면 땅이 비옥해야 한다고들 말한다. 땅이 비옥하다는 말은 유기물을 많이 포함하고 있다는 뜻인데, 유기물이란 생물이 죽고 분해되어 땅속에 축적되는 물질이다. 이 유기물에 탄소가 58%나 함유되어 있다. 그러니까 땅이 비옥하다는 건 그 땅이 탄소를 많이 함유하고 있다고 바꾸어 말할 수 있다. 흙 관리를 잘해서 비옥하게 만든다면 공기 중의 탄소를 땅에 가둘 뿐 아니라, 농사짓기 좋은 땅으로 만들 수 있다. 그래서 저탄소 농법을 똑똑한 농업이라고 한다.

하지만 인식의 전환이 필요하다. 생물 사체가 땅 위를 뒹군다면 사람들은 그것이 식물이든 동물이든 치워야 할 더러운 것, 쓰레기라고 한다. 분해되는 동안 쓰레기라고 불릴 그것에서 발생한 탄소는 공기 중으로 퍼져 공기 중 탄소 농도를 높인다. 그렇지만 쓰레기가 땅속으로 흡수되는 순간 사정이 달라진다. 일단 이름부터 유기물이다. 그리고 유기물은 비옥한 토양을 만드는 일등 공신이다. 우리나라 흙은 유기물 함량이 낮다고 하니 앞으로도 탄소를 더 많이 저장할 수 있다. 우리나라에서 탄소 중립을 실현하는 일이 쉽지 않다는 장탄식을 이렇게 고쳐 말할 수 있다. 탄소를 저장할 땅이 무궁무진하다는 말로, 쉽지 않을지 몰라도 방법은 있다는 말로. 탄소를 저장할 방법을 찾기 위해 우리에게 필요한 건 아주 작은 마음 하나면 된다. 쓰레기를 귀하게 여기는 마음이다. 조상들이 그랬던 것처럼.

농가에서는 수확량을 늘이기 위해 여전히 화학비료와 농약, 경운기를 사용한다. 농업이 땅에 탄소를 저장하는 방법이라해도 농사짓는 동안 나오는 탄소나 각종 유해가스를 줄이지 못하면 아무 소용이 없다. 그러니 농사짓는 동안 나오는 탄소량을 줄이는 방향으로 농법을 개선하고 관리하는 일이 중요하다. 그런 의미에서 소규모로 행해지는 도시 농업은 소중하다. 집약적 농업과 달리 자연에 해를 덜 끼친다. 이왕이면 빗물을 받아서 쓰면 더 좋다. 수도 시설을 만들어 농사를 지으면 거기서도 탄소가 발생한다고 하니 말이다. 이 새로운 앎으로 동네를 오갈 때 통에 물 받는 수고로움을 마다하지 않은 농부에게 고개 숙여 감사를 보내게 된다. 나도 처마 끝에 빗물받이 통을 두어야겠다.

지구가 이렇게 위태로운데 탄소 중립을 해내지 못하면 어쩌나, 불안하고 겁이 났다. 그래서 내 수준에서 할 수 있는 것, 덜 쓰고, 더 걷고, 덜 버리고, 더 아끼고 그런 거라도 하자는 딱 그런 수준의 생각만 했고 그것만 해왔다. 하지만 새로운 공부를 하고 나니 달라지는 나를 느낀다. 오랫동안 봐오고 선조 때부터 지어온 농사이지만 관점을 달리하는 순간 새로운, 가능성이 큰 대안으로서 농업을 보게 된다. 이제부턴 텃밭이 탄소 저장고라는 인식을 갖기로 한다. 겨우 우리 식구 먹을 만큼만 수확하는 작은 땅이지만 배출되는 탄소량은 더 줄이고 흡수하는 탄소량은 더 늘이는 방법을 찾기로 한다. 땅을 유기물 덩어리로 만들어야겠다. 거름통을 어떻게 만들지 구상하기 시작한다. 구상은 머지않아 실현될 테다. 또 하나 우리 정부가, 기업이, 사람들이 고래가 건강하게 살 수 있는 바다를 만드는지 확인해야 하겠다.

몇 년 전 부산을 찾은 김용택 시인이 '공부란 생각과 행동이 바뀌게 하는 것'이라고 말했다. 그에 따르면 나는 진짜 공부를 한 것이다. 왜냐하면 생각을 바꾸었고, 행동까지 바꾸고 있으니까. 기후 위기로 가슴 아파 병에 걸리는 대신 위기에 대처하기로 마음을 바꾼 것, 세상을 바꾸기 위해서 더 공부하고 더 똑똑해지기로 결심한 것, 그리고 행동하는 것. 나는 진짜 공부를 하는 중이다.

오늘의 실험

아침저녁으로 찬바람이 묻어나는 게 가을이 온다는 기별이다. 온몸이 근질근질한 게 뭔가 해야 할 때라는 신호이기도 하다. 어떤 실험을 해볼까. 지난겨울 작은 비닐하우스를 만들어 시금치와 상추, 양상추 씨를 뿌렸다. 아침에 눈을 뜨면 부리나케 밭으로 향했다. 간밤 바람에 날아가지는 않았는지, 땅이 얼지는 않았는지 궁금해서 그 짧은 거리를 걸어본 적이 없었다. 비닐하우스 덮개를 열면 온기가 끼쳐왔고 그 온기에 안도했다. 해가 뜨는 때를 기다려 뚜껑을 열고 바람이 드나들게 했다. 덕분에 겨우내 채소가 떨어지지 않았다. 그 신났던 경험 때문에 8월 초에 씨를 뿌려 보았는데 실패였다. 역시 추위보다 더위가 견디기 힘들다.

이런 실험도 해보았다. 이사 온 다음 해 의자라도 놓고 경치를 구경할 마당을 얻고 싶어 서쪽에 있는 밭을 남쪽으로 옮기기로 했다. 좁은 공간인데 수확이 충분할까. 서쪽 밭 흙도 함께 옮기면 밭을 기름지게 할 수 있겠지. 햇볕은 오히려 더 많이 받으니까 공간은 좁아도 수확은 더 많을 거야. 걱정이 없던 건 아니었지만 마음을 정했다. 식구들 도움으로 남쪽에 아담한 밭을 만들었다. 그런데 흙이 내가 아는 거무튀튀한 색깔로 변하지 않았다. 지렁이도 오지 않았다. 일 년을 노심초사했다. 그렇게 힘을 들이고 마음도 고되지만, 이런저런 시도를 해보는 재미가 있다. 삶에 치명적인 영향을 주는 일이 아니라 위험부담도 없는 그야말로 재미있는 놀이다. 먹거리까지 주니까 넉넉하게 일석삼조는 된다. 이번에는 작년 가을보다 조금 일찍 씨를 뿌리는 실험을 해볼 생각이다.

이 정도 날씨에도 싹을 틔울지 궁금했다. 랄랄라, 아이처럼 노래가 나오고 어깨가 들썩거린다. 호박, 토마토를 정리한 자리를 고르고, 냉장고에 넣어둔 씨앗 통을 꺼낸다. 농사짓기를 알려주던 강사가 냉동실에 넣어두라고 했는데 자리가 마땅찮아 여름에는 냉장실, 겨울에는 바깥에 둔다. 싹을 잘 틔우지 않으면 어쩌나 하면서도 게으른 농부는 씨앗을 조심스럽게 다룰 줄 모른다. 오늘 외출할 씨앗은 상추, 청경채, 양상추, 시금치, 노랑 배추, 대파다. 씨마다 크기도, 모양도,

색깔도 다르다.

상추씨는 아주아주 얇고 작고 길쭉하다. 손에 쥐고 있을 때는 몰랐는데 막상 씨를 뿌리고 그 위에 흙을 덮으려고 하니 흙에 있는 작은 것들과 구분하기 어려웠다. 오호라, 상추 씨 앗에 색깔을 입히는 이유가 이거구나. 다양한 종류를 맛보고 싶어서 몇 가지 종자를 더 샀다. 오늘 뿌리는 상추씨는 전에 얻었던 분홍색, 흰색 종자이다.

물 건너온 양상추는 같은 상추라도 토종 상추와 맛이 완전히 다르다. 특히 로메인 양상추는 아삭한 정도가 다르고 상추 고유의 쓴맛도 없다. 한번 맛을 들이고는 열혈 팬이 되었다. 그래서 봄, 여름은 말할 것도 없고 겨울에도 온실에다 씨를 뿌려서 귀한 맛을 보곤 했다. 어머니도 즐겨찾는 채소가 되었다. 내가 아는 그 맛을 기대하며 양상추와 로메인 씨를 뿌린다. 양상추도 로메인 양상추도 상추씨처럼 좁고 길쭉하다.

노랑 배추씨는 펄이 들어있는 파랑과 초록 사이쯤 되는 색이다. 동글동글하고 다른 씨앗들보다 오동통한 게 쥐는 느낌이 좋다. 그렇다고 1센티미터쯤으로 오해하진 마시라. 5밀리미터도 안 된다. 흙을 대충 덮어서 물을 주다가 흙이 흘러내릴 때 나 여기 있어요, 하고 알려주어서 다시 흙을 덮을 수 있고, 개미가 물고 가기에는 동글하고 무거워서 그런지 발아율이 높은 편이다. 김장용이 아니고 겨우내 먹을 거라 추위와 바람을 막을 수 있는 곳에 뿌린다.

청경채는 배추 사촌이다. 배춧잎을 좋아하는 배추흰나비 애벌레들은 청경채도 좋아한다. 청경채를 생채로 먹을 때 두꺼운 잎을 씹는 맛은 좋지만, 벌레가 먼저 입을 댄 거라 꺼림직할 때가 있다. 그래서 씨를 뿌리면서도 주저한다. 벌레가 좋아하는 채소 중에는 양배추도 있다. 봄에 양배추 키우다 혼이 났다. 옆에 있던 채소까지 벌레가 옮겨갈까, 자연 방충제를 만들어 아침저녁으로 뿌려야 했다. 양배추는 우리보다 배추흰나비 애벌레가 많이 먹었다. 브로콜리도 마찬가지였다. 덕분에 우리 밭에서는 늦가을까지 나비가 날았다. 채소를 키우기 전에는 이쁘기만 하던 나비가 텃밭을 가꾸면서는 야속한 동물 2호쯤 되어버렸다. 애벌레는 두껍고 커다란 잎을 밤낮으로 갉아먹어 댔다. 잎에 싸 놓은 까만 똥이 얼마나 많던지 결국 브로콜리를 봄 채소 목록에서 뺐다. 브로콜리는 나비가 없는 겨울에나 키워야겠다. 동글동글한 인디언 핑크색을 띤 청경채 씨앗에게 속삭인다. 배추흰나비 애벌레에게 먹히지 말라고. 하지만 어림도 없는 일이라는 걸 잘 안다. 브로콜리처럼 청경채도 봄 채소 목록에서 빼야 하나.

시금치는 이렇게 예쁘지 않은 붉은색도 있나 싶을 만치 희한한 색깔이다. 게다가 모양은 또 어떤가. 씨 모양은 둥글거나 타원 혹은 그 둘 사이쯤일 줄 알았는데 이렇게 울퉁불퉁한 씨앗이 있다니. 해바라기 씨앗이나 상추씨에 익숙한 내게는 참 이상하고 못생긴 씨앗이다. 색깔이나 생김새는 그래도 맛은 어떤 겨울 채소와도 비교할 수 없다. 우리 가족은 겨울이나 초봄에 끓이는 시금칫국을 좋아한다. 이번에는 시금치 자리를 두 고랑이나 만들었다. 이제껏 객식구처럼 무 사이에, 배추 사이 빈자리에 끼어 있었는데 맛 하나로 보란 듯이 넓은 자리를 차지했다.

대파씨는 검은색이다. 맨들맨들하지도 부드럽지도 않아서 얼핏 흙 속에 있던 돌이 들어왔나 오해할 정도로 시금치 다음으로 씨 같지 않게 생겼다. 작년 봄에 모종을 얻어다가 키우는 데 실패했기 때문에 별 기대를 하지 않고, 작년 늦가을 씨를 뿌렸다. 그런데 대파는 겨울에 무척 강한 녀석이었다. 아주 더디게 자라며 겨울을 견디더니 올해 봄맛이 활짝 피었다. 여름을 이겨낸 파를 아직껏 먹고 있다. 위에 초록 잎 부분만 잘라서 먹으면 밑동에서 계속 잎이 올라오기 때문에 가능한 일이다. 여름을 지나면서 자라는 게 시원찮았다. 그래도 채솟값이 천정부지로 오르는 계절에 이게 어딘가. 대파는 겨울을 나고 다음 해까지 먹을 거니까 텃밭 말고 다른 데 뿌리는 게 낫다. 이사 올 때부터 있던 커다란 고무통에 흙을 넣고 잡초, 갈비, 과일 껍질들을 묻어놓았다. 거름이 듬뿍 들었을 테니 거기에다 씨를 뿌리면 되겠다.

그럭저럭 씨를 다 뿌렸다. 물을 뿌릴 때는 흙을 살살 덮은 씨의 맨살을 드러내는 일이 없도록 조심조심 뿌려야 한다. 그래도 씨가 드러나면 파란색으로 붉은색으로, 눈에 덜 띄지만, 흰색으로 자신을 드러낼 테니 겁먹지 않아도 된다. 그렇다고 계속 흙을 홀랑홀랑 벗겨버리면 안 되니까 물 주다 이불 벗겨진 씨앗이 있나 눈은 부릅뜰 것. 다 되었다. 신성한 먹거리에 경의를 표하며, 이제 물을 주면서 싹이 텄나 확인하는 일만 남았다.

계절에 딱 들어맞지 않는 이 실험은 실패할지 모른다. 게다가 차갑지 않은 데 놓아둔 씨앗은 제대로 발아할지 모르겠다. 실패해도 상관없다. 일주일 기다려도 싹이 트지 않으면 다시 씨 뿌리면 되고, 그래도 싹이 안 트는 씨앗은 거름으로 보내면 된다. 뿌릴 시기를 놓쳤으면 모종으로 대신하면 된다. 살면서 말로는 서두를 필요 없고, 실패할까 겁내지 않고, 형편 되는대로 해도 된다고 했어도, 진짜 그래도 된 적은 없었다. 그런 내게 신기한 세상이 펼쳐지고 있다. 실패를 두려워하지 않는 오늘의 실험은 즐거움까지 동반한다. 게다가 겁 없는 도전을 부추기는 이웃이 있다. 씨앗 겉봉에는 4월에 뿌려라, 한여름은 피하라, 몇 가지 주의할 점을 제시하지만, 이웃들은 각자 경험대로 씨앗을 뿌리고 열매를 거둔다. 나도 그들에게서 겁 내지 말고 해보라는 무언의 격려를 받는다. 오늘 저녁 산책길에 또 슬쩍 이웃 텃밭을 들여다볼 생각이다. 아이디어 원천인 그들에게 또 도움을 구하려고.

벌이 사라졌다

텃밭 농사 3년째. 남편과 나는 봄이 오면 밭에 어떤 작물을 어디에다 얼마나 심을지, 이번 수확이 끝나면 다음에 무얼 심을지 척척 구상하는 도시농부다. 지난 2년 동안 동네를 오가며 이웃은 어떻게 농사를 짓는지 살피고 물어가며 익힌 덕이다. 무엇보다 맨몸으로 부딪쳐 가며 실패해 가며 배운 게 많다. 이태 동안 한 시행착오로 이제는 뿌린 만큼, 땀 흘린 만큼 거둘 수 있는 농부가 되었다. 풍성해질 밭을 떠올리며 닭똥이 섞인 거름을 뿌리고 삭힌다. 이즘에는 아침저녁으로 동네 밭에서 거름 익는 냄새를 맡는다. 예전에는 상상할 수 없었던, 진정한 봄의 냄새다.

4월 중순이 지나니 아침저녁 일교차가 크지 않다. 모종을 심어도 좋을 때다. 올해는 특히 기온이 들쑥날쑥해서 헷갈리게 했지만, 새내기 티를 벗은 우리는 조바심 내지 않고도 채소를 키우기 적당한 날씨를 기다린다. 상추와 청경채, 식구 모두 극찬한 아삭한 식감의 로메인 양상추는 이른 시기에 씨를 뿌려 놓았다. 작년에는 모종으로 키운 부추를 올해는 씨 뿌려 키우기에 도전해 보기로 했다. 우리가 심을 모종은 호박, 오이, 가지, 방울토마토, 깻잎. 욕심내지 않고 우리가 먹을 만큼 조금씩만 키우기로 했다. 방아도 세 뿌리 얻었다. 그래봐야 1,000원인데 모종 들고 집으로 향하는 몸이 날아갈 듯했다.

5월이다. 날이 더워지고 더불어 작물도 무럭무럭 자란다. 옮겨 심은 지 얼마 안 되었을 때는 뿌리를 내리느라 생장이 더디지만, 신록의 계절이라 하지 않던가. 텃밭도 싱싱한 초록으로 덮여간다. 드디어 오이가 노란 꽃을 피운다. 이 꽃이 떨어지면 오이가 달릴 테지. 물을 듬뿍 품은 오이 맛을 기억하는 입에서는 군침이 한가득이다. 노란 꽃을 피우기는 호박도 마찬가지다. 하지만 노란색 꽃을 피워도 호박은 오이처럼 꽃이 지면서 저절로 열매를 맺지 않는다. 가루받이해 주어야 한다. 이것도 실패를 통해 알게 된 고급 지식이다. 호박꽃이 피고 꽃 아래 열매를 달고 있어도 그건 진짜가 아니어서 수분을 해주어야 떨어지지 않고 무사히 큰다는 걸 어린 호박이 뚝

뚝 떨어지는 광경을 몇 번이나 보고 알았다.

그때부터 벌은 고맙고 반가운, 등장만으로도 기쁨을 주는 존재다. 벌은 이른 아침 꽃이 입을 벌리는 때를 놓치지 않고 앵앵 소리를 내며 나타난다. 벌이 다녀간 다음에 호박은 더 크고 싱싱해지고 사랑스러워진다. 꿀을 만드는 게 벌이 하는 일 중 최고라고 생각하는 이들이 많겠지만 그건 벌이 하는 아주 작은 일이다. 벌은 세계 식량자원 70%를 수정한다. 딸기, 배, 수박, 참외 같은 과일과 채소, 견과류, 셀 수도 없을 만치 다양한 작물이 우리네 먹거리이기도 하지만 식용 가축의 양식이며 초식 동물의 먹이이다. 우리가, 지구에 사는 초식 동물이 먹는 식물 대부분을 벌이 수정해 준다는 놀라운 사실을 사람들은 알까. 요 쪼그만 녀석이 참 대단하다. 어디서 오는지 몰라도 고맙다. 흐뭇하게 바라보다 내년부터는 꽃을 더 심어야겠다, 다짐한다.

약속대로 작년 봄, 집에 꽃을 더 심고 키우면서 우리 채소를 잘 자라게 할 벌이 오기만을 손꼽아 기다렸다. 그런데 벌이 감쪽같이 사라졌다. 하늘로 솟아올랐는지 땅으로 꺼졌는지는 알 수 없어도 사라진 게 분명했다. 사라진 게 아니라면 이럴 수는 없었다. 벌이 나타나지 않았다. 때가 되었는데, 호박꽃에 가루받이해 주어야 하는데, 나타나지 않는 벌에 애만 태웠다. 붓으로 인공 수정해 주면 된다는 이야기를 들었다. 호박꽃이 열리는 줄은 알았지만, 초보 농부는 어느 것이 암꽃이고 어느 것이 수꽃인지도 몰랐다. 꽃이 열리는 시간도 못 맞췄다. 아차, 싶어 나가보면 꽃이 입을 닫아버릴 때도 한두 번이 아니었다. 작년 호박 농사는 망했다.

작년 봄에 사라진 벌은 결국 돌아오지 않았다. 여름에도, 가을에도. 벌이 사라진 일은 우리 집 텃밭에서만 일어난 작은 소동으로 끝나지 않았다. 작년 1, 2월에 이미 꿀벌은 사라졌고, 나라 안 곳곳에서 신고가 잇따랐다. 전문가들은 따뜻한 1월에 깨어난 꿀벌이 2월에는 갑자기 수은주가 내려가는 바람에 벌통으로 귀환하지 못한 게 가장 큰 요인이 아닌가 추측하였다. 또 이상기후로 봄꽃이 일찍 개화하면서 꿀벌의 발육이 원활하지 못했다는 견해도 내놓았다. 꽃이 피면 거기에 맞추어 벌이 깨어난다. 그런데 아직은 겨울인데도 따뜻해진 기온에 꽃이 피었다. 막상 벌이 왕성하게 활동할 봄에는 꽃이 져버려 먹을 게 없어지니까 그것도 영향을 줄 수 있다는 이야기다. 이상기후는 벌의 생존에 영향을 끼치는 주요한 요인이 되었다. 그리고 방제약에 내성이 생긴 데다 온난화로 활동력이 왕성해진 해충에 의해 가뜩이나 약해진 벌이 집단 폐사하였다고도 했다. 인공적인 환경으로 좋은 생육환경을 가진 꿀벌의 피해가 이 정도라면, 자연에서 살아가는 야생벌은 이 재앙에 무사할까.

꿀벌이 사라진 소동이 지구 다른 곳에서는 더 일찌감치 일어났다. 1990년대 말부터 벌의 숫자가 눈에 띄게 감소하고 있다는 보고가 이어졌다. 처음에는 유럽과 미국에서 관찰되던 현상이었는데 점차 아시아, 아프리카 등 전 세계로 확산하고 있다고 한다. 식량자원 문제와 밀접하게 관련이 있어서 벌 개체 수 감소는 큰 논란이 되었다. 당시에도 자연 파괴, 살충제 사용, 공해, 지구온난화와 같은 여러 원인이 복합적으로 영향을 미쳤다고 보았다. 작년에 우리 집에서 가장 큰 사건이었던 벌 실종은 30여 년 전부터 이미 시작된 일이었다.

벌이 멸종했을 때 발생할 수 있는 최악의 시나리오는 식물이 열매를 맺지 못하게 되어 인류도 식량 부족 위기를 맞게 되는 것이다. 이걸 지나친 비약이라고 할 수 있을까. 벌이 멸종하면 식량이 귀해질 테고 그러면 빈곤층에서는 식량을 구하기 힘들어질 게 뻔하다. 그러면 식량이 사회 문제가 되고 공동체가 불안해질 가능성이 높다. 또한 국가 간에는 식량을 확보하기 위해 치열하게 경쟁할 테고 그렇게 되면 이제 식량도 전쟁만큼이나 국가 존립에 치명적 영향을 주는 안보 요인이 될 것이다. 이처럼 벌이 멸종하면 생태계 교란은 물론이고 우리의 생존에도 심각한 문제가 생긴다. 지나친 비약이 아니다.

이렇게 중요한 벌이 사라지고 있으니, 깜짝 놀라 사람들이 벌을 되살릴 방도를 찾아내긴 했을까. 방도를 찾긴 어렵지 않았을 터이다. 자연 파괴를 멈추어 기후를 되돌리면 되는 일이다. 초등학생도 지구에 사는 생물에게 일어나는 재앙의 주요 원인이 이상기후이며, 기후 위기를 가져온 범인이 인간이라는 걸 안다. 인간이 욕심을 줄이고, 이 별에서 주인 행세를 그만두어야 한다는 것도 안다. 우리에겐 주인 행세가 다른 생물에겐 생명 파괴로 이어지고 있으니까. 하지만 30년이 지나고도 벌이 감소하는 현상이 전 지구로 퍼져가고 있다면 방법은 알아도 실행하지는 않았다는 뜻. 이 사실이 의미하는 바대로 어쩌면 그 일은 불가능할지 모르겠다. 학자들은 해마다 진지한 얼굴로 지구를 되돌릴 시간이 몇 년 남았다고 알려준다. 하지만 해마다 앞서 예측했던 기간보다 기하급수적으로 줄어드는, 정확하지 않은 시간만 추측하는 일은 무의미해 보인다.

지금 필요한 건 의지이다. 생명을 살리겠다는 의지, 당장이라도 바꾸겠다는 의지가 더 필요한 시기이다. 병에 걸리면 당장 치료할 방법을 찾아 치료를 시작하지, 생존할 시간이 몇 년 남았으니까, 언제까지는 이 상태를 유지하고 다음 단계에는 어떤 걸 하고 그다음 단계에서는 전면적인 치료를 한다, 이런 식으로 생각하는 사람은 없다. 국가는 너무나도 복잡하고 다양한 관계로 얽혀 있어 개인과는 다르다고 하면 다르겠지만, 목숨을 살리는 일이라고 생각하면 다르지 않다. 그렇게 복잡할 이유가 없다. 내 이익을 계산하고, 다른 나라보다 더 많이 가져야 할 것을 따지니까 복잡해진다.

벌의 가루받이에 대부분을 의존하는 식물은 아몬드, 양파, 호박, 당근, 사과 같이 우리에게 없어서는 안 될 먹거리다. 이 먹거리가 사라지는 일이 나의 이익보다 밀려나야 한다는 말일까. 나라의 부강보다 덜 중요한 일일까. 지구적인 일이라 개인은 책무에서 제외될까. 그렇지 않다. 국가라는 거대한 몸뚱이는 움직이기 어렵고, 기업은 이익을 따라 움직이니 그 또한 쉽지 않을 수 있다. 가벼운 개인이 실천함으로써 국가와 사회, 기업에 행동을 촉구할 수 있다. 누군가 시작하는 이가 있는지 살피지 않고, 먼저 생각한 사람이 먼저 시작해야 한다. 내가 내 자리에서 할 수 있는 일, 그걸 하는 거다. 지금 당장.

올봄, 작년보다 더 많은 꽃을 심었다. 봄에 피는 송엽국, 오래 피어있는 목마가렛, 빨갛고 노란 가랑코에와 여름꽃 해

바라기, 가을꽃 국화. 겨울에는 동백이 꽃을 피우기 시작하니 일년내 꽃 피는 집이 되었다. 고마움과 미안함을 이렇게라도 표시하고 싶었다. 저절로 피어나는 민들레나 삼색제비꽃, 클로버, 이름 모를 잡초도 마구 뽑아내지 않는다. 그 때문에 깔끔하지는 않지만, 더 중요한 일이 있으니까. 너무 이른 개화에 먹이가 부족한 현실, 오락가락하는 기온에 얼어 죽는 현실, 여기저기 뿌려댄 살충제가 벌까지도 죽이는 현실에 고작 이게 무슨 도움이 되겠나, 이제 그런 생각은 하지 않기로 한다. 지구를 살리는 나만의 방법이라 생각하기로 한다. 벌이 오다가다 배고플 때 먹이가 가까이 있었으면 해서, 춥고 배고프고 어지러운데 배라도 든든하면 낫지 않을까 해서, 조금이라도 벌의 멸종이 늦춰지기를 바라는 마음에, 선택한 나만의 방법이다.

얼마 전부터는 옥상에다 벌통을 놔둘까, 생각하는 중이다. 우리 집 호박만을 위해서가 아니다. 꽃과 나무에 벌이 오고 나비가 앉는 모습이 당연하던 시절을 책 속에서나 보게 될까 두렵다. 이미 이런 걱정을 하는 사람들은 많다. 그래서 밴쿠버와 뉴욕, 상파울루에서, 호텔 옥상과 공원, 텃밭에서 벌을 불러들인다. 벌을 살리려고 애쓰고 있다. 그런 모든 노력이 헛되지 않기를 소망한다.

사실 내내 조마조마했다. 올해 봄이 시작되는 3월부터 농사 준비를 하는 동안, 거름을 뿌리는 4월에도, 식물이 초록으로 싱싱해 오는 5월에도 벌이 오지 않을까 봐 조바심 내었다. 걱정한 대로 올해도 벌은 거의 보이지 않았다. 하는 수 없이 일찍 일어나는 남편이 호박 수꽃을 따서 암꽃에 문질러준다. 근데 자그마한 우리 텃밭에 암꽃과 수꽃이 동시에 피는 일은 드물다. 며칠 기다리다 수정되지 못한 암꽃이 시들어 떨어지는 일이 심심찮게 일어난다.

오늘 아침에는 덜 핀 암꽃을 억지로 벌리려다가 꽃이 떨어졌다. 이웃 텃밭에서 꽃가루를 묻혀서 우리 밭 암꽃에다 문질러주는 벌에게는 아무렇지도 않은 일이다. 그야말로 자연에서 일어나는 자연스러운 일이다. 억지로 하니 이렇게 까다롭고 수고스럽고 번잡하다. 언제까지 사람 손으로 가루받이해야 할까. 세상 모든 식물을 그렇게 수분을 해주어야 한다면 사람들의 손길이 미치지 못하는 곳은 어떻게 될까.

아인슈타인이 이런 말을 했다고 한다. "꿀벌이 지구상에서 사라지면, 인간은 그로부터 4년 정도밖에 생존할 수 없을 것이다. 꿀벌이 없으면 수분도 없고, 식물도 없고, 동물도 없고, 인간도 없다……." 어떤 이들은 아인슈타인이 했다고 하고 더 많은 사람은 아니라고 말한다. 중요한 건 아인슈타인이라는 이름을 빌려서라도 벌의 멸종을 막으려는 누군가의 노력이다. 그들은 이렇게 말한다. 벌이 사라지면 지구에 사는 수많은 식물에 치명적인 타격을 준다. 그러면 그 식물을 먹는 곤충이나 초식 동물도, 곤충을 먹는 육식 동물이나 육식 동물의 상위 포식자도, 결국 우리 인간도 영향을 받는다고. 맞다. 그래서 생태계를 먹이사슬이라고 하지 않나. 우리는 사슬처럼 연결되어 있다. 이번에는 벌이지만, 다음은 어떤 동물 혹은 식물일지. 미역이 다음 차례가 될 수도 있고, 명태 차례가 될 수도 있다. 그리고 곧 우리 차례가 될 것이다.

청구인이 된 이유

2023년 7월 3일 민주사회를위한변호사모임(민변)이 기자회견을 열어 정부를 상대로 헌법소원에 나서겠다고 발표했다. 정부가 일본의 후쿠시마 원전 오염수 방류 문제를 대처하는데 국민 권익을 대변하지 못했다는 게 그 이유다. 나도 명단에 이름을 올렸다. 명단에는 특별한 청구인이 있다. 그가 참여 의사를 직접 밝혔는지 모르겠다. 그의 말을 알아들을 수는 있었는지도 의문이다. 만약 그가 말할 수 있었다면 바닷물이 방사성 물질로 오염될지 모를 이 일을 반대할 게 틀림없기는 하다.

하지만 그의 참여는 대법원에서 거부당할 것이라고 한다. 그는 헌법소원 청구 자격 자체가 없다. 헌법소원 청구는 대한민국 국민이어야 가능한 일이다. 법 전문가들이 그걸 모르지는 않았을 것이다. 기각될 줄 알지만 그럼에도 그가 사는 곳, 바다가 생존을 위협받기 때문에 그가 거론되었으리라 추측해 본다. 그는 바다의 최고 포식자이며 오랜 세월 바다의 대표 동물이다. 헌법소원 청구 대리인은 "생태계의 수많은 생물도 똑같이 방사능에 오염되고 암이라든지 여러 가지 질병에 걸릴 수 있기 때문에 생태계를 대표해서 고래를 청구인"으로 포함할 예정이라고 하였다. 그중에서도 "한반도 주변에 서식하는 혹등고래로 범주를 좁힐 가능성이 있다"고 덧붙였다. 그는 혹등고래였다.

혹등고래는 울산 반구대 암각화에서 그 흔적이 발견될 정도로 오랜 옛날부터 우리 가까이 산다. 옛사람들이 새긴 그림에는 물을 뿜는 북방긴수염고래, 새끼를 업고 이동하는 귀신고래, 앞뒤 색이 다른 범고래들 사이에서 배에 주름이 선명한 혹등고래가 있다. 혹등고래는 고래 중에서도 덩치가 큰 수염고래에 속한다. 평균 몸길이는 5층 건물 정도 높이인 14미터, 몸무게는 1톤 트럭 30대를 합친 무게와 같은 30톤에 이른다. 혹등고래는 그 큰 입을 벌려 주위 바닷물을 들이마신다. 고래수염이라 불리는 주름으로 물이 빠져나가면 남은 물고기가 고래 밥이 된다. 먹이는 아주 작은 크릴새우부터 청어와 고등어 같은 물고기까지 제법 다양하다.

일본과 IAEA에서는 이번에 내보낼 원전 오염수가 인체에 해가 없다고 발표했다. 인체는 그렇다 해도 30톤 몸무게에 매일 바닷물을 들이마시는 혹등고래도 그럴까. 그 덩치에 물을 들이마시는 수십 년 동안 얼마나 되는 방사능물질이 몸에 쌓이게 될지 모를 일이다. 하루 550리터의 젖을 빨아 먹는 새끼는 어떨까. 아마도 일본과 IAEA가 바다에 사는 동식물에게 끼치는 영향까지는 조사하지 않았을 터이다. 그러니 혹등고래에게 어떤 피해가 있을지, 우리는 알 수 없다.

혹등고래를 병들게 하는 게 방사능물질만이 아니다. 플라스틱 컵, 과자봉지, 옷걸이, 폐어망…. 어느 때는 태풍이 인근 육지를 싹 쓸어버리는 바람에 갖가지 가재도구가 바다로 떠밀려 가고, 어느 때는 선원들이 버린 쓰레기가 표류한다. 그 더미들은 혹등고래가 쓸어 담는 물과 함께 입으로 들어간다. 몸속에 남았지만, 양분도 되지 못하고 소화도 되지 못하고 빠져나가지도 못한다. 고래 몸속을 여기저기 찌르고 가득 채웠으되 굶주리게 하며 결국은 죽음에 이르게 한다.

검은 등에 하얀 배, 입에서부터 배 아래로 길게 뻗은 주름, 머리 쪽에 무수히 솟은 작은 혹, 아주 긴 가슴지느러미, 등 뒷부분에 지느러미가 혹같이 자그마하게 돋아있어 붙인 이름 혹등고래. 한 마리 혹은 수십 마리가 무리를 지어 나타날 때면 등장만으로 압도적인 광경을 연출하는 바다의 제왕. 하지만 머리 위쪽에 있는 코에서 뿜어내는 하트 모양 숨기둥과 배를 보이며 물에 떨어지는 장난스러운 모습, 그때 만들어지는 거대한 물보라. 이렇게 덩치 큰 귀염둥이라니. 우리는 준 것도 없이 이런 감동과 반전 매력을 선사하는 고래에게 방사능 물을 마시게 하고, 비닐과 플라스틱을 먹게 해도 되는 건가. 이 바다에서 고래는 삶을 이어 나갈 수 있을까.

나는 고래에 대해 잘 모른다. 사실대로 말하자면 동물에 그다지 관심이 없었다. 관심이 없을 뿐 아니라 동물은 크기를 불문하고 맞닥뜨리기만 해도 비명부터 질러대던 겁쟁이였다. 텃밭을 가꾸고 거기 사는 작은 동물을 매일 만나야 하는 주택살이를 시작하고부터 바뀌었다. 매일 밭에 나가 소리 지를 순 없지 않은가. 두려움을 조금씩 극복하고 나니 신기한 세상이 열렸다. 텃밭에 사는 저 작은 생물이 땅을 일구는 진짜 농군이구나 하는 놀라움을 경험했다. 그렇게 조금씩 인간 외의 동물과 친해지는 중이어서 우리 집에서 멀리 떨어진, 더더구나 산과 바다에 사는 동물까지는 마음이 가닿지 않았다.

내가 마음을 주지 않아서였을까. 자꾸만 불편한 소식을 듣게 된다. 오래전 터널 공사로 태평스러운 삶을 뺏긴 천성산 도롱뇽이 그랬는데…. 목숨을 건 100여 일 단식 투쟁으로도,

도롱뇽의 인간 친구들이 낸 소송으로도 이기지 못했다. 오히려 대법원은 소송 대상자인 '도롱뇽'의 지위를, 사건을 수행할 당사자 능력이 없는 자연물로 규정해 소송 대상자로 인정하지 않았다. 같은 이유로 법적으로 아직 자연물인 혹등고래가 이번 소송에서 받아들여지지 않을 거라 한다. 그건 부당하다. 바다에서 나고 자라고 거기서 생을 마감하는 혹등고래는 바다에서 일어나는 일에 가장 중요한 당사자가 아닌가. 법으로 받아들여지지 않을지는 몰라도 그는 계속 당사자로서 소송인으로 호명될 터이다. 인간 친구들이 바다 원주민인 혹등고래를 계속 소환할 테니까.

선명하고 합당한 이유, '그곳의 당사자임'을 외면한다. 인간이 아니므로, 한낱 도롱뇽 따위 때문에 개발을 멈추는 행위는 용납되지 않으므로, 혹등고래까지는 바닷물에 오염되는지 연구해야 하는 대상이 아니므로. 인간 아닌 존재의 목숨은 함부로 해도 문제 삼지 않는 우리네 인간의 적나라한 모습이다. 지구에 사는 모든 생명 또한 보호 대상이라는 주장을 받아들이는 사이, 이러쿵저러쿵 이유를 대며 늑장을 부리는 사이 너무 늦어버리지 않을까, 마음 졸인다. 그럴는지 모르겠다. 그사이 너무 많은 생명이 사라져가고 있지 않나. 해군기지 건설로 빛을 잃어가고 있는 제주 강정마을 앞 연산호가 그렇고, 새만금 간척사업으로 터전을 잃은 검은머리물떼새가 그렇다. 이번에는 방사능 오염수를 흘려보낼 태평양 혹등고래에게 위협이 닥치고 있다. 그들은 법조문 속의 대한민국 국민이 아니어서 헌법소원을 할 수 없고, 환경권이나 재산권은 더더구나 주장할 수 없어 터전을 빼앗기고 삶을 파괴당했다. 죽음으로 내몰리고 있다. 도롱뇽이 사라지고 연산호가 빛이 바래지고 검은머리물떼새가 가버리고 고래도 없어진 곳에서 우리만 살아남는다면 우리는 행복할까. 우리도 계속 살아갈 수 있기는 한 걸까.

 삼중수소가 섞인 바닷물, 반짝이며 떠다니는 플라스틱 조각, 출렁이는 물결 따라 하늘거리는 비닐, 뱃속에 쓰레기를 삼키고 헤엄치는 물고기와 갈매기. 어쩌면 가까운 미래에 어린이들이 바라볼 바다는 이런 모습일지도 모른다. 물에 잠겨 흔적이 지워져 가는 암각화가 우리의 미래인 것만 같다. 혹등고래가 헤엄치는 우리 주변 바다를 우리 것으로 정했다면 주인답게 바다를 지켜야 한다. 그것이 내가 청구인이 된 이유이고, 민변이 혹등고래를 청구인으로 포함한 이유이다.

똥이다

똥이다. 똥이 이렇게 반갑기는 처음이다. 아이들 키울 때도 변이 중요하기는 했다. 기저귀에 묻은 변 색깔을 보고 건강 상태가 어떤지, 아플 때면 몸이 나아가고 있는지 가늠하곤 했다. 중요했지, 이렇게까지 기쁘고 반갑지는 않았다. 똥을 봤다고, 집안 곳곳을 뛰어다니며 소리치는 내게 남편이 그렇게 좋으냐고 물었다. 얼마나 좋은지요. 마치 진정한 농부가 되었다는 인증이라고나 할까. 내가 그토록 반가워하고 감격하는 그건 지렁이가 싼 똥이다. 텃밭에서 발견했다.

처음 채소를 가꾸기 시작했던 우리 집 서쪽 밭에는 땅만 파면 지렁이가 있었다. 그래서 밭에 지렁이가 있는 건 당연한 일인 줄 알았다. 그런데 남쪽으로 밭을 옮기고 보니 흙이 그다지 좋지 않았고, 흙이 좋지 않아서인지 지렁이 한 마리 얼씬하지 않았다. '계분'이라 적힌 닭똥이 섞인 천연거름을 사서 밭에 뿌리고 한 달여 땅을 삭혔지만 소용없었다. 이상한 일이다. 땅에는 지렁이가 살아야 하지 않은가. 이번에 산 거름이 적당하지 않았는가. 냄새 덜 나는 걸로 바꾸었더니 품질이 나빴나. 낙엽이나 채소 껍질 같은 천연거름을 넣었어야 했나. 온갖 생각이 스쳐 지나갔지만 뾰족한 수가 떠오르지 않았다.

  지렁이가 밭에 나타나지 않는데 아는 거라곤 없었다. 자료를 찾기 시작했다. 지렁이는 흙을 뒤집는 걸 싫어한다. 거름이 골고루 섞이라고 흙을 부지런히도 뒤집었는데, 그건 지렁이에겐 하면 안 되는 일이었다. 지렁이뿐 아니라 땅속에 사는 생물은 대개 그렇다. 땅을 잘 뒤집어야 흙이 골고루 섞인다는 건 나같이 땅속 생태계를 모르는 사람이 하는 말이다. 그건 우리 눈에는 보이지 않지만 수십, 수백 개체가 수천, 수만 마리 살고 있는 땅속 세상을 파괴하는 행동이다. 게다가 땅을 뒤집다가 지렁이 몸뚱이를 가르기 십상이다. 책에서는 삽이나 호미 같은 기구보다는 쇠스랑이나 갈고리 모양으로 된 농기구가 더 좋다고 하였다. 집에 있는 도구는 죄다 삽이나 호미, 낫이다. 그래서 땅을 일구다가 지렁이 몸뚱이를 그렇게 싹뚝 잘랐다.

지렁이는 어두운 걸 선호한다. 낮에는 땅속에 있다가 밤이 되면 위로 올라온다. 낮 동안 땅속을 다니면서 흙에 공기가 통하게 하고, 딱딱한 땅을 부드럽게 해준다. 지렁이는 입으로 흙을 먹고 항문으로 흙을 배설한다. 이때 배설한 흙은 말하자면 똥인데 지렁이 몸을 통과해서 나온 똥은 부드럽고 고운 입자이다. 학자들은 그걸 분변토라 부른다. 그 똥은 땅이 건강한지 보여주는 지표라 할 만하다. 지렁이 똥이 많은 땅은 지렁이가 많다는 증거, 지렁이가 일군 품질 좋은 땅이라는 증거다.

지렁이에 주목하고 연구하기 시작한 최초의 인물일 다윈은 이렇게 지렁이를 예찬한다. "쟁기는 인간이 발명한 것 중에 가장 오래되고 가장 값진 것이다. 하지만 인간이 나타나기 오래전부터 지렁이는 이미 땅을 갈고 있었고, 마찬가지로 계속해서 갈 것이다."[*] 내게는 지렁이에 관한 한 경전이나 다름없는 『지렁이, 소리 없이 땅을 일구는 일꾼』의 저자가 전율한 이 지렁이 똥을 나는 본 적이 없었다. 지렁이 똥은커녕 남쪽 밭에 지렁이가 살지 않아 고민에 빠졌다.

지렁이가 사는 땅을 만들기 위해 책에서 배운 대로 씨 뿌

---

[*] 에이미 스튜어트 지음, 이한중 옮김, 『지렁이, 소리 없이 땅을 일구는 일꾼』, 달팽이 출판, 2005, 30쪽.

릴 때나 모종 심을 때 흙을 많이 뒤집지 않았다. 땅속 생물이 좋아한다는 베어낸 풀이나 과일, 다듬고 난 채소를 흙 위에 슬쩍 얹어주었다. 이렇게 할 수 있었던 건 검은 색 비닐 덕분이다. 이사 와서 보니 전 주인이 농사지을 때 쓰려고 엄청나게 많은 비닐을 사 놓았다. 집이 동네 한가운데 있어서 닭똥 거름을 뿌릴 때 냄새가 나지 않도록 주의해야 했다. 새로 사느니 전 주인이 두고 간 그 비닐을 쓰기로 했다. 사용하기 께름직했지만, 쓰고 보니 장점이 많았다. 우선 비닐을 덮어놓으니, 고양이가 똥을 싸지 않아 채소를 망치지 않은 게 좋았는데 게으른 농부에게는 잡초억제제 역할도 했다.

더 좋은 건 비닐을 들쳐서 다듬고 남은 채소 찌꺼기를 집어넣어도 다 썩는 동안 냄새가 나지 않는다는 사실이었다. 거름통을 만들지 말지, 만들면 무엇으로 만들지, 어디에 둘지, 고민이 많았는데 거름통을 일부러 만들어 놓지 않고도 많은 거름을 묻을 수 있는 더없이 좋은 방법이었다. 땅속 생물들이 좋아할 먹이를 주는 데 딱 맞춤이었다. 이래저래 쓸모가 많았다. 그래서 이웃들도 썼나 보다. 이왕 쓰게 된 거 비닐 써서 생기는 손해보다 훨씬 더 많은 이익을 만들어 내리라 다짐했다.

양배추나 배추 꼭지 같은 것만 넣다가 여름에 접어들어 수

박이나 참외 같은 과일 껍질을 넣어주기 시작했다. 어떤 음식을 잘 먹는지 알아보기 위한 실험이었다. 책에서 본 게 맞는지 궁금했다. 며칠 지나서 비닐을 들춰보면 두꺼운 수박 껍질은 종잇장처럼 얇아져 있고, 어느새 흔적도 없이 사라지곤 한다. 참외도 마찬가지다. 빨리 없어지는 건 좋아하는 음식이라는 뜻. 다른 채소들에 비해 이렇게 빨리 사라지는 걸 보면 땅속 생물의 입맛은 단맛임이 틀림없다. 수박은 맛은 있지만 껍질 버리는 게 예삿일이 아닌데 이렇게 잘 분해되면 껍질 처리할 걱정 없이 마음껏 먹어도 되겠다. 그런데 양배추는 그대로이다. 쪄서 먹으면 달달하기만 한데 쪄서 버려야 하나.

전에는 땅에 채소나 과일 껍질을 주는 일은 땅이 기름지라고 하는 일이었다. 하지만 책을 읽은 후에는 땅속 생물이 좋아하는 음식, 그 까다로운 채식 입맛을 맞추기 위해서임을 안다. 거름을 주는 이유가 땅이라는 모호한 이름에서 이젠 땅속에 사는 생물에게 먹이를 주는 일로 바뀌었다. 농사를 짓기 전에 땅에 사는 생물은 개미밖에 몰랐다. 처음 농사 지을 때는 땅속엔 지렁이만 살고, 지렁이만 땅을 일구는 줄 알았다. 그러나 조금 더 알게 된 땅에는 곰팡이, 세균, 진드기, 이런 미생물이 살고 있고, 이들이 지렁이와 협력하여 흙을 일구는 진짜 농부라는 사실도 알게 되었다.

하루가 다르게 새로움을 추구하는 시대에 나는 태고부터 있어 온, 어제와 다를 바 없는 땅을 들여다보는 재미에 빠졌다. 세상에 이보다 더 중요한 일은 없는 것처럼 매일 들여다본다. 남들에게는 새로울 거 하나 없지만 내게는 매번 발견하는 재미를 선사하는 보고이다. 가끔 땅 위 세상만큼 거대할 땅 속 세상을 상상해 본다. 지렁이가 보이지 않아도 흙은 맛있는 채소를 수확하게 해주었다. 그걸로도 만족하기로 했다. 보이지 않는 데서 살고 있겠지, 그래서 흙이 점점 거무스름해지고 있겠지, 보들보들하고 윤기 있게 변해가고 있겠지, 위로하면서.

평소대로 쌀뜨물 모은 통이랑 채소 찌꺼기를 가지고 밭으로 갔다. 밭을 들치다 무언가를 발견했다. 똥이었다. 크기는 작았지만 분명했다. 고양이는 덮어놓은 비닐을 들치고 볼일을 보는 족속이 아니다. 더더구나 고양이 그것에 비해 너무 작고 부드럽게 뭉쳐졌으며 고약한 냄새 하나 없었다. 그렇다면 이것은, 지렁이 똥이다. 다윈이 예찬하고 연구자들이 책에서 썼던, 재야의 고수들 사이에서 말로만 전해지던 바로 그 지렁이 똥. 몽글몽글하게 부풀어 오른 게 딱 봐도 고양이 똥이 아닌데 한눈에 알아보지 못하다니, 그렇게 애타게 기다려 놓고, 금방 알아보지 못해 미안했다. 소리 지르며 뛰어드는 나를 멀뚱멀뚱 쳐다보는 남편에게 생김새를 설명했다. 내 하는 모양새가 우스웠다. 나에게나 반갑고 즐거운 일인데 말이다. 머쓱해질 만도 하지만 너무 기다리던 일이라 입이 실룩거리고 자랑은 멈추어지지 않았다. 처음 발견하기가 어렵지, 한 번 보고 나니 곧잘 보였다. 보이지 않아서 몰랐을 뿐, 지렁이가 많이 살고 있었다. 보람 있다. 씨 뿌릴 때 살살 으깨 위에다 뿌려 주어야겠다. 기분 탓인지 몸이 날아오른 것도 같다. 남편이 이런 나를 보고 지렁이로 빙의한다.

"네 정성이 갸륵하고, 나를 이렇게 애타게 기다리니 자주 싸주지."

이런 똥은 아무리 싸도 좋단다. 매일 한 트럭씩 싸다오. 지렁이야.

코스모스에 닿다

　우주가 궁금했던 적이 있다. 열한 살, 4학년 자연 시간(그때는 과학 시간을 그렇게 불렀다)이었다. 지구는 둥글고 스스로 돌며, 태양 주위를 돈다는 사실을 처음 알았을 때였다. 일어나고 걷고 밥 먹어도 전혀 어지럽지 않은데 지구가 돌고 있다고? 지구 바깥으로 쏟아지지도 않고? 태어나서 처음으로 가졌던 질문이었다. 답을 알기 위해 궁리했지만 열한 살 얕은 지식으로는 이해할 수 없었다. 선생님이 해준 설명도 알아듣지 못했다.

　그때 속 시원한 해답은 얻지 못했지만 궁금함이 생긴다는 게 얼마나 가슴 뛰고 신나는 일인지 알게 되었다. 맛도 멋도 모르고 먹는 가오나시처럼 닥치는 대로 책을 읽었다. 때로는 전율이 일어났고 때로는 난해하여 받아들이기 어려웠다. 빨아들이기도 뱉어내기도 한 그 책들이 내 삶에 어떤 영향을 주었는지 뭐라 딱 꼬집어 설명할 수 없다. 그럼에도 여전히 세상은 재미있는 일투성이이고, 하나 알면 모르는 건 열이다. 그래서 알고 싶어진다. 오늘도 책을 드는 이유다. 책상은 나만의 작은 작업실이다. 태어나 처음으로 궁금함이 생겼던 그때로부터 책상은 세상을 만나는 첫째가는 방법이다. 책꽂이에 쌓인 책이 곧 지식을 뜻하는 건 아니지만 책을 들여다보며 흐뭇하게 제목을 훑는다.

그런 내게 또 다른 작업실이 생겼다. 안방 작은 작업실만큼이나 애지중지하는 이곳에 오늘도 빗물받이통에 모인 물을 주고 뜨물을 뿌린다. 한쪽에서는 뿌리를 내린 쪽파가 일제히 힘찬 몸을 뻗어 올리고 있다. 밥상에서 빠지지 않는 상추는 터줏대감답게 한가운데 자리 잡고 있다. 늘 그렇듯 태양의 사랑을 온몸으로 받아들여 빨갛고 짙은 녹색을 띤 채 반짝인다. 계절이 깊어질수록 더 짙붉게 변해갈 것이다. 봄동과 만남은 처음이라 설레고 조심스럽다. 이름만큼 이쁘고 동그랗고 도타운 잎을 내밀어 그 맛을 기대하게 한다. 차고 매서운 바람을 겪기 전이라 맛이 들지 않았지만, 오늘 밥상에 선보일 예정이다. 뿌려놓은 씨에서 좀처럼 싹이 트지 않아 부랴부랴 사서 심은 배추는 성장이 턱없이 느리다. 좀처럼 속이 여물지 않아 애를 태운다. 맛있다고 자꾸만 싹둑싹둑 잘라먹은 내가 얄미웠는지 부추는 계절이 깊어지니 좀처럼 몸을 내밀지 않는다. 어떻게 해야 마음을 풀지 부추 앞에서 서성인다.

아침마다 밀애를 속삭이는 이곳, 초록 작업실은 우리 집에서 가장 양지바른 곳, 한겨울에도 채소를 키우는 곳, 끊임없이 땅속에서 초록을 밀어 올리는 나의 동업자가 있는 곳이다. 그들에게 감사를 표하며 물을 준다. 닭똥이 버무려진 거름이나 달걀껍데기에서 뽑아낸 칼슘을 듬뿍 넣은 천연 비료를 선물한다. 한때 땅 위에 올라온 채소밖에 볼 줄 몰랐다. 달라지는 밭을 보면서 초록으로 무성하게 하고 실한 열매를 맺게 하는 건 다 내 노력 덕이라고 우쭐했다. 땅을 들여다보고 채소를 거둬들이면서, 쉼 없이 오가는 작은 생물이 보였다. 그들에 의해 조금씩 달라져 가는 땅을 보면서 그 아래 존재하는 거대한 코스모스를 떠올렸다.

작물을 가꾸는 이는 나 혼자만이 아니었다. 땅속에서 부지런히 움직이는 존재의 역할이 더 컸다. 흙을 먹고 뱉어내는 과정을 통해 분변토라는 유기물을 만드는 지렁이, 땅속을 여기저기 파고 다녀 땅에 공기 구멍을 만드는 개미, 눈에 보이는 덩어리를 분해하는 눈에 보이지 않는 청소부 박테리아까지 우리는 텃밭 일구기라는 작업을 함께 하는 동료였다. 이제

밭에 가면 채소만 보지 않는다. 식물의 성장을 보고 흙 속에 사는 생명을 상상한다. 땅 아래 보이지 않는 데까지 마음이 머문다. 나와 연결된 존재를 알아차리며 내가 딛고 있는 발아래 생태계를 인식한다. 이제야 내 발에서 뿌리가 내려지고 흙에 스며들어 땅과 이어지고 있다. 하늘과 바람과 땅과 그들 사이 존재하는 생명, 우리는 이어져 있는 존재라는 앎을 얻는다. 세상에 휘둘리던 불혹을 지나고 나만 위하는 지천명도 지나 이순을 앞두고서야 발 디딘 세상을 만난다. 그 세상은 내 삶에 맞닿아 있었다. 진정한 스승은 거기 있었다.

요즘 책상에 놓아두고 틈날 때마다 칼 세이건이 쓴 『코스모스』를 읽고 있다. 열한 살 때 느꼈던 경외심을 다시 느낄 수 있을까. 사람들이 다양한 분야에 관심을 가진 덕분에, 호기심을 끝까지 놓지 않은 사람들 덕분에 세계와 우주의 비밀이 밝혀졌다는 걸 새삼 알게 된다. 세상의 과학 지식과 우주의 비밀을 모아 이 책을 쓴 칼 세이건, 지구가 돈다는 걸 알아낸 갈릴레이, 행성 운동 법칙을 알아내고 실증적으로 증명한 케플러, 자신이 직접 만든 망원경으로 화성과 토성을 관찰한 하위헌스, 어린 아인슈타인에게 빛의 속도로 움직이면 어떤 일이 일어날지 상상하게 하고 새로운 물리학의 영감을 준 베른슈타인의 이야기까지 『코스모스』는 눈으로 볼 수 없는 세계와 그 세계를 넓혀가는 사람들의 이야기를 들려준다.

그들은 어떻게 호기심을 갖게 되었을까. 아이들이 달과 별과 우주에 관심을 가지게 하려고 큰맘 먹고 집 베란다에 달을 관측할 수 있는 망원경을 들여놓은 나처럼, 그런 일을 부모가 했을까. 하위헌스의 집에는 당대의 가장 진보적인 사상과 학문의 성과가 모여들었다. 각종 지도와 현미경이 있었고, 거실은 학자들이 이야기를 주고받는 지식의 용광로였다. 하위헌스는 아버지 덕분에 그 안에서 마음껏 뛰놀았다. 20대에 렌즈를 갈아 굴절 망원경을 만든 그는 뱃사람이 바다 위에서 길을 잃지 않고 경도를 찾게 추시계도 만들었다.

그의 작업실을 그려본다. 커다란 책상과 그 위에 수북이 쌓여 있거나 아무렇게나 펼쳐져 있는 책, 잉크와 깃펜, 책상을 비추는 전등, 건너편에도 넓은 탁자가 있어 그 위에는 도면을 그린 큰 종이, 참고로 본 지도와 책, 누군가로부터 받았을 편지와 그 위에 갈겨 적은 메모가 헝클어져 있다. 한쪽 면을 가득 채운 책꽂이, 지도와 그림으로 가득한 또 다른 벽, 그걸로도 부족해 큰 통이 있고, 그 안에 지도와 도면, 쓰지 않은 종이가 돌돌 말려 있다. 세상에 널려있던 과학 지식이 쌓여 인류의 눈이 확장되고 손이 길어지게 하고 발이 멀리 내딛

게 한 공간.

　내 책상도 그런 공간이다. 안방에 있는 작은 책상. 책꽂이가 있지만 꺼냈다가 읽고 난 뒤 언제고 다시 읽으려고 손 닿는 가까이 놓아둔 책이 안 그래도 작은 책상을 반이나 차지한다. 이사 오면서 트럭 한 대 분량을 처분했지만, 어느 틈에 다시 책상을 점령해 버린 책. 좀 전에 벗어놓은 안경, 독서대 2개, 노트북, 필통, 공책. 자주 치우지만 더 자주 어지러운 이곳이 나만의 생각 창고, 생각 은행이다. 세상 모든 지식이 모여든 하위헌스의 책상 같지야 않겠지만, 그래서 인류가 한 걸음 앞으로 나아가게 하는 발명까지 이루지는 못하겠지만. 누구의 방해도 받지 않고 세상에 접속하는 곳, 세상의 하위헌스들을 만나는 곳, 내 앎이 영글어 가는 곳이다.

　지금껏 읽어온 책이 그랬던 것처럼 『코스모스』 역시 몰랐던 세상, 보이지 않는 세계를 보여주었다. 덕분에 우리가 속한 은하 우주와 저 멀리 있는 마젤란 성운 같은 우주 저 너머에 눈을 떴다. 그렇다고 삶이 크게 달라지진 않지만, 우리는 더 큰 세계에 속한다는 걸 상기한다. 무엇보다 보이는 세계의 이면을 알아차리고 접속하는 태도를 다시금 일깨운다. 생명에 대해서도 새로운 생각을 갖게 했다. 아직 원시 상태였던 지구의 바다나 연못에서 시작된 그것, 생명체라고 부르기도 어려운 그것으로부터 지구 모든 생명이 시작되었다는, 그래서 우리는 한 조상의 후예라고 말해도 부정하지 못하는, 그런 믿기지 않는 생각 말이다. 태초에 우주를 떠다니던 물질이 우주 한구석 지구에 사는 내 몸속에 존재한다는 사실은 처음과 현재가 공존한다는 숙연함도 갖게 한다. 수십 억 년 전 혼돈에서 우리는 얼마나 나아가고 있나 질문하게 한다. 그렇다고 삶이 크게 달라지진 않지만, 우리는 더 큰 세계에 속한다는 걸 상기한다. 눈에 담을 수 없을 만큼 거대해 보이지 않을 뿐인 우주에 관심을 촉구한다.

나의 초록 작업실, 땅도 묻는다. 미래를 어떻게 맞을 건지, 어떻게 삶을 지속하게 할지. 실은 진작부터 신호를 보내고 있었다. 나만 위하는 이기적인 삶에서 벗어나 타인과 지구에 무게 중심을 옮기는 한 발을 떼야 한다고 웅변하고 있었다. 너무 작아 보이지 않는 존재에서부터 너무 커 보이지 않는 존재까지 떠올려 보라고, 우리의 연결을 느껴 보라고 말한다. 비 온 다음 날이면 어디 있다 나타났나 싶을 만큼 많아지는 지렁이, 노란 국화 근처에서 앵앵거리던 벌, 제 몸보다 큰 먹이를 지고 집으로 향하는 개미, 어느 틈에 들어왔는지 알 수 없이 방구석에 줄을 걸어놓고는 흔적을 숨긴 거미, 소나무를 밀어 올리는 대지, 밭에 묻은 수박 껍질을 하루가 다르게 썩게 하는 미생물의 세계같이, 존재하지만 알아차리지 못하는 존재를 말이다. 내가 서 있는 이곳의 반대편에서 살아가는 사람들처럼 눈앞에 없지만 공존하는 이들을 말이다.

내가 할 수 있는 일을 생각한다. 이 지구별이 내 것이 아니고 모든 생명체와 함께 존재하는 곳이라는 인식, 우리는 그저 나그네일 뿐이라는 앎, 흙에서 나온 것을 흙으로 되돌려 주는 일, 나 역시 그 질서 속 한 부분임을 받아들이는 태도, 벌과 나비가 와서 쉬고 먹을 수 있는 꽃과 숲을 가꾸는 일, 거대하지 않아도 되고 화분도 좋고 화단도 좋은. 생명이 시작된 바다를 잊지 않는 일, 내가 버린 물이 바다로 향하고 결국 다시 내게 되돌아옴을 기억하는 일, 필요한 만큼 먹고 쓰는 소박한 삶, 흙과 바다와 공기를 덜 더럽히는 방향의 소비, 그래서 다음 세대에게 이어주는 일, 다음 다음 세대의 삶이 지속 가능하게 하는 일.

땅과 가까이 지내기 전에는 가끔 생각나다 더 가끔 잊었다. 보이지 않아서 외면하기도 쉬웠다. 흙으로부터 많은 먹거리를 의지하는 지금은 외면하려야 할 수 없다. 그런데도 나라는 한 인간이 할 수 있는 일은 고작 텃밭을 가꾸는 일이다. 그래서 오늘도 상추 씻은 물을 모으고 뜨물을 버리지 않는다. 빗물을 받는다. 배추밭에 뿌린 그 물에 지렁이가 내놓은 분변토가 눈에 보이지도 않을 만큼 녹고, 그걸 먹은 배추 뿌리가 자로 잴 수 없을 만큼 땅으로 뻗는다. 그렇게 자란 채소를 나눈다. 그렇게 이어가기로 한다. 나의 두 작업실, 내가 몸담은 우주, 책상과 초록 작업실에서 이렇게 이어가기를, 잊지 않기를, 그런 작은 삶을 꿈꾼다. 오늘도 손을 내밀고 발을 뻗어 코스모스에 닿는다.

II

나의 사랑이 끝날 때 당신의 사랑이 시작된다

영화 〈헤어질 결심〉에서 서래는 해준에게 이렇게 말한다.
"날 사랑한다고 말하는 순간 당신의 사랑이 끝났고 당신의 사랑이 끝나는 순간 내 사랑이 시작됐죠."

두 사람의 슬픈 사랑을 표현하는 절절한 말이다. 어쩜 이건 내게도 해당하는 말이 아닐까, 싶다. 그렇게 절절한 사랑 이야기는 아니지만, 잘 어긋나는 우리의 시간을, 삶과 사랑을 이보다 잘 표현할 수 있을까.

약속 시간이 1시간이 지났지만, 나타나지 않았다. 특별한 일도 아니다. 우리가 같이 살면서 다툴 일이 생긴다면 시간을 대하는 다른 방식이겠구나, 생각했다. 나쁜 예감은 틀리지 않았다. 우리는 시간에 관한 문제로 일로 날이 서곤 했다. 결혼한 지 30년이 되어도.

시간을 대하는 두 사람의 관점은 이렇다. 시간이 정해지면 나에게 그 시각은 행동 종료 시점이고 남편은 행동 개시 시점이다. 조금만 빨리하면 좋을 텐데 막바지에 시작하니 그걸 지켜보는 나는 늘 조마조마하다. 이건 내 입장이고 남편 관점에서는 조바심 내고 빨리 뭔가를 해내려고 하는 내가 숨 막힐 수 있다. 빨리 시작한다고 해서 결과물이 좋은 건 아니니 더더욱 내가 옳다고 할 수 없다. 이건 맞고 틀리고의 문제가 아니라 그저 시간을 보는 두 사람의 차이이다. 시간을 대하는 다른 방식일 뿐이다. 근데 그건 사소한 차이가 아니다. 우리는 시간을 사는 사람이니까. 한때의 시간이 아닌 인생을 사는 동안 시간을 대하는 태도에 관한 일이니까. 게다가 평생을 함께 살면서 자신뿐 아니라 타인의 시간에까지 영향을 주니까.

남편과 다투지 않고 살기 위해 나름의 대책이 필요했다. 여유 있게 약속 시간을 잡았다. 예를 들어 6시에 약속이 있으면 5시라고 하는 식으로. 그동안 뭔가를 하면서 기다렸다. 아이들도 좀 커서 이런 아빠를 알아차렸다. 그래서 아빠, 지금 어디야, 물어서 응, 지금 막 출발했어, 하면 한 시간 뒤에 오겠군. 이렇게 말한다. 그런데 지금 회사야, 곧 출발할게, 라고 대답하면 비상이다. 언제 올지 모른다. 우린 모든 준비를 해놓고 각자 일을 하면서 기다려야 한다. 잔소리는 물론 금지다. 화도 금물이다. 다음 일정에 너무 큰 차질을 주니까. 우리 부부나 가족 사이는 이런 식으로 해결되었지만, 약속의 범위가 넓어지거나 중요해지면 달라진다. 그래서 친정 나들이 갈 때면 긴장할 수밖에 없었고, 나는 신경이 날카로워지기도 했다. 이제 서로들 적응해서 시간 차를 좁히고 있다. 친정에서는 늦으면 그러려니 한다. 시아버지는 우리가 약속 시간보다 빨리 가면 웬일이냐고 놀란다. 요즘에는 오히려 남편이 먼저 챙기고는 내가 준비하기를 기다린다. 그래서 이제 다 되었나, 역시 오래 사니까 많이 닮아가, 이렇게 생각했다.

그런데 그건 정말로 좁힐 수 없는 간극이라는 걸 얼마 전 다시 뼈저리게 느꼈다. 주택은 손이 많이 간다. 화단에 꽃과 나무를 가꾸는 일, 담장 넝쿨을 정리하는 일, 잔디를 깎아주는 일, 봄 가을 텃밭에 여러 달 모은 갈비를 뿌리고 그 위에 새로 산 닭똥거름을 덮어 주는 일, 가지치기하고 수확하는 일, 자른 가지나 잎을 처리하는 일, 사소하지만 결코 만만찮은 일이 일 년 내내 기다리고 있다. 우리 집을 방문하는 사람들은 이 일을 어떻게 다 하느냐고 묻지만, 주택살이하는 사람들은 또 다 그렇게 답한다. 부지런할 필요 없다고, 부지런하게 살지 않는다고. 나 역시 부지런하게 살지 않지만 그래도 할 일은 있었고 내가 게으름을 부리면 어디선가 심통을 부리며 나를 안절부절못하게 하는 일이 생긴다. 내가 더 간절히 원해서 온 주택이어서 손 가는 일을 내가 더 많이 하는 게 당연했다. 기꺼이 와준 것만도 고마운데 자꾸 일거리를 주어서 힘들게 하고 싶지 않았다. 그래서 되도록 도움을 구하지 않으려고 애쓴다. 내가 드라마 속의 힘센 여자, 도봉순이나 강남순만 되었어도 이 마음이 변치 않았을 텐데.

가을이 되니 여름 내내 세력이 왕성했던 소나무 가지를 쳐주고, 여기저기 흩어져 있는 나뭇가지와 낙엽도 보기 좋게 치워야 하는데 그 일은 가느다란 내 다리와 손목이 다 해내지 못한다. 평소보다 조금만 더 일을 해도 온몸이 그 사실을 알아차리고 항거하니, 당최 매일 하는 작은 그일 밖에 할 수 없다. 하더라도 조금밖에 할 수 없으니 이 계절에 해야 할 일이 끝나기 전에 다음 계절이 찾아온다. 어느 날, 집을 작은 규모로 줄이자고 말했다. 깜짝 놀란 남편이 그렇게 말한 까닭을 듣고 며칠 만에 내가 3년이 걸려도 해내지 못한 일을 척척 해내고는 외출해서 돌아온 나를 데리고 다니면서 일일이 보여주었다. 이제껏 그 일을 해야 한다고 말할 때는 흘려들었는데, 집을 팔고 싶다고 하니 반응한 것이다. 나는 종료 시점이었는데 남편은 시작 신호였다.

남편은 이제야 집이 좋아지고, 뭔가 하고 싶은 마음이 생겼다고 했다. 나는 집을 보고 여기에 살기로 마음을 정한 순간부터 좋아했는데. 집을 고치고 이사하고 이것저것 손 보면서, 식탁에 앉아서 창 너머 11월의 가을을 만끽하는 동안 더할 수 없는 사랑을 느꼈는데. 그래서 끊임없는 애정으로 쓸고 닦았는데. 꽃을 가꾸고 나무에 물을 줬는데. 내가 집 안팎을 종종거리는 동안에도 남편은 사랑이 차오르기를 기다리고 있었다. 하지만 집 외벽에 페인트칠하고, 평상 만들고, 빨랫줄 만들어 걸고, 텃밭 만들고, 거름 뿌리고, 모종 심고, 나뭇가지 치고 다듬고, 잔디 깎는, 집을 가꾸는 행동을 했는데. 그에게서는 아직 진짜 사랑이 아니었다. 그 많은 일을 했는데, 아직도.

나는 3이나 4부터 사랑을 느끼고 그 사랑을 키우는 사람이고, 남편은 9나 10이 되어야 혹은 사랑이 흘러넘쳐야 표현하는 사람이었다. 내 사랑은 빨리 시작되고, 그의 사랑은 느리고 늦다. 우리는 같은 공간에서 살지만 서로 다른 시간을 산다. 그래서 오늘처럼 지친 내가 사랑을 끝내려고 할 때, 그는 사랑하기 시작한다. 그의 마음이 늦게야 발동이 걸리는 걸 탓할 수 없다. 그가 발동이 걸릴 때까지 기다리지 못한 내 탓일까. 그렇지도 않다. 타이밍이 다를 뿐. 함께 살아오는 동안 남편의 에너지가 펼쳐질 때까지 내 에너지가 받쳐주고 기다려

줄 수 있었다. 그러나 이제는, 모르겠다. 기다려 줄 수 있을지. 열정 넘치는 시기를 지나고 있는 나는 그런 정열을 오래 간직하지 못할 것 같다. 내 사랑이 끝나버리면 어떡하지.

어떡하긴 뭘 어떡해. 그럼 새로운 사랑을 시작하는 거지. 내 이야기를 들은 남편이 일갈한다. 맞다. 나는 서래처럼 생을 마감하지는 않을 테니. 당신이 시작하면 되지. 이번에는 당신이 먼저 사랑하기 시작하는 건가. 그건 좀 설레는데.

캘리포니아 아저씨

캘리포니아 아저씨는 이곳 두구동으로 이사 와서 알게 되었다. 얼굴은 모른다. 이름도 모른다. 아는 것이라고는 저녁 7시 무렵이 되면 그룹 이글스의 노래 '호텔 캘리포니아'를 크게 틀고 우리 집 앞 골목을 지나간다는 사실뿐.

한적한 주택가라 그런지 열어놓은 창문으로 벌레 소리만 들려왔다. 11월의 밤공기는 찹찹하면서도 아파트에서는 느낄 수 없는 적막함이 있었다. 깊이를 알 수 없는 고요함 속으로 빨려 들어갈 즈음, 그 순간을 동강 내는 침입자가 나타났다. 골목을 울리는 쩌렁쩌렁한 음악 소리였다. 그룹 이글스의 '호텔 캘리포니아'. 어, 호텔 캘리포니아네, 라는 말이 미처 끝나기도 전에 갑작스러웠던 소리는 흔적도 없이 사라졌다. 누굴까. 며칠 전 이사 와서 인사한 사람 중에는 이 노랠

들으면서 다닐 만한 사람이 없었는데. 걸음이 엄청 빠른가 보다.

"이 노래 우리도 많이 불렀는데, 당신도 많이 불렀지. 아니다, 당신은 이 노래, 밴드에서 기타로 쳤겠네."

그날 저녁 우리는 고요함을 한 방에 날려 버린 음악 덕분에 캘리포니아와 함께했던 시절로 휘리릭 날아갔다.

우리 집은 공원으로 가는 길에 있어서 사람들 발길이 잦다. 하지만 크게 음악을 켜고 다니는 사람은 없기에 큰 소리가 불쾌하기도 하련만 왠지 즐거웠다. 그날부터 거의 매일 같은 시각에 '호텔 캘리포니아' 노래가 들려왔다. 우리는 본 적도 없으면서 초저녁의 침입자를 '캘리포니아 아저씨'라고 부르기 시작했다. 아줌마가 아니고 아저씨라고 짐작한 이유는 여자는 달리기 선수가 아니라면 그렇게 빠른 속도로 이동할 수 없고, 이 구석진 동네에 운동선수가 올 리 없기 때문이다. 성차별이 아니다. 어쨌든 그 시각이 되면 아저씨가 기다려졌다. 어쩌다 뜸하면 요즘은 다른 길로 산책하나 궁금하고, 다시 들리면 얼굴도 모르면서 무진장 반가웠다.

날이 따뜻해지면서 남편과 나는 산책하는 시간을 바꿨다. 시끌시끌하던 공원이 고요하고 컴컴해지면 그제야 켜지는 하얀 꽃등을 만끽하기 위해서였다. 눈과 코를 즐겁게 해준 매화가 질 무렵 벚나무에서 연분홍을 품은 하얀 꽃잎이 돋아났다. 꽃잎이 바람에 날리기라도 하면 머리 위로 떨어지는 꽃잎에 환호했다. 어둡게 칠한 캔버스 위에 하얗게 그려놓은 꽃은 어둠과 대비되어 빛깔과 아름다움이 고스란히 드러나지 않는가. 그 그림 같은 풍경을 만나는 일은 큰 즐거움이었다. 낮에는 알 수 없는 또 다른 매력이었다. 벚꽃이 피어날 때를 기다려 개나리도 만개했다. 하얀 꽃길을 지나 땅에 뜬 노란 별이 기다리는 그곳으로 발걸음을 옮겼다.

그때 옆으로 자전거가 지나갔다. 호텔 캘리포니아 음악이었다.

"아, 60대쯤 된 아저씨였네. 자전거로 지나가서 소리가 그렇게 빨리 사라졌구나. 너무 빨리 지나가 얼굴은 못 봤네."

아저씨와 이야기를 나눌 것도 아니었으면서 괜히 아쉬웠다. 우리가 하는 지저구니를 아저씨가 안다면 어이없어할지도 모를 일인데 우리만 호들갑이었다. 아저씨가 지나가고 난 뒤에도 여운이 가시지 않아 '호텔 캘리포니아'를 목청껏 불렀다. 마침 주변에는 사람들이 없었다. 그날 이후에도 아저씨는 7, 80년대 음악을 틀며 우리 집을 지나갔고 멀리서 음악이 들려올 때면 오늘은 어떤 음악인가, 내가 아는 노래인가, 귀 기울였다.

캘리포니아 아저씨

노래 하나로도 삶을 공유한다는 느낌을 받을 수도 있구나. 나이도 다를 테고, 환경도 달랐을 것이고, 생각은 더더구나 달랐을, 얼굴도 모르는 아저씨에게 우리는 노래 하나로 세대를 함께 했다는 의식을 가졌다. 공감대를 형성했다는 느낌마저 들었다. 동시대를 살아왔다는 이런 감정은 모든 걸 받아들이게 했다. 그래서 시끄럽게 지나가도 기분 나쁘지 않을 수 있었다. 매일 우리 집 앞을 지나가도 반가울 수 있었으며 매일 기다릴 수 있었다. 며칠 집 앞을 지나가지 않으면 얼굴도 이름도 모르는 그가 궁금하고 이사라도 갔나 싶어 서운했다. 나도 누군가에게 이런 존재일까. 얼굴도 모르지만 반가움과 설렘과 무조건 우리 편이라는 느낌을 주는.

노래 '호텔 캘리포니아'가 얼굴도 모르는 우리를 묶어주었듯이, 뜻밖에 단순한, 어쩌면 의아스러울 만치 엉뚱한 것으로, 얼핏 그냥 넘어갈 만큼 사소한 데에서 연대감을 느낀다면 본 적도 없는 지구 위의 어떤 존재에게도 손 내밀 수 있을까. 돼지를 고기 만드는 존재 정도로만 여기는 세상에서 아기 돼지 윌버를 살덩어리가 아닌 감수성이 풍부한 존재로 알아차리는 거미 샬롯처럼. 악어에게는 맛나는 먹잇감일 뿐인 오리 사이에서 나고 자란 덕분에 오리를 친구로 받아들이게 된 악어 오리 구지구지처럼 경험이 필요한지 모른다. 하지만 그 많은 걸 경험할 순 없지 않은가.

상상력이 필요하다. 본 적 없는 존재와 공통점이라고는 없는 그 누구와 연결을 찾아내려면. 보기 전에는 알지 못하는 그래서 떠올리지 못하는 굳어진 머리와 딱딱한 가슴 대신에 부드럽고 유연해서 좀처럼 끊어지지 않을 상상력이 필요하다. 내가 살아본 적 없는 데서 살고, 들어본 적 없는 노래를 부르고, 입어본 적이 없는 옷을 입고, 먹어본 적이 없는 음식을 먹고, 해본 적 없는 생각을 하는 사람과도 인류라는 공동체 의식을 느끼기 위해서는.

상상력이 필요하다. 이 행성에 함께 존재한다는 것만으로도, 생명이라는 이유만으로도 한 형제라는 연대감을 느끼기 위해서는. 지금도 몸속 어딘가에 살고 있는 바이러스 역시 나의 일부이며, 나와 영역을 두고 눈치싸움을 벌이는 길고양이 역시 내 동료라는 점을 받아들이기 위해서는. 하늘 높은 곳에서 보면 티끌 같은 것에 불과함을, 그래서 고양이와 나를 구분하기조차 어렵다는 사실을 받아들이기 위해서는. 아무리 청소해도 먼지는 입과 코로 들어와 폐에 들러붙으며, 그리하여 먼지마저 내 일부가 된다는 걸 받아들이기 위해서는. 경악하기보다 차라리 받아들이는 쪽으로 선택하기 위해서는.

머리로는 떠올릴 수 없고, 가슴으로도 만들어 내지 못하는 그런 상상력을 갖기 위해 오늘도 나는 책을 든다. 영화를 본다. 그림을 본다. 노래를 듣는다. TV를 본다. 거리를 나선다. 세상을 만난다. 세상에 존재하는 그 무엇하고도 연결되는 존재가 되려고 한다. 온몸에서 촉수를 뻗어본다. 눈을 감고 그들을 느껴본다. 자기도 모르는 사이에 우리를 자기의 세계에 빨아들인, 우리에게 자기 세계를 집어넣은 캘리포니아 아저씨처럼.

개미

며칠 동안 바빴다. 토요일 글쓰기 수업을 위해 일주일 동안 글 다듬고 다 못 읽은 책 읽는 데 매진했고, 수업 후에 약속이 있었고, 저녁에는 절친한 친구 집에서 저녁을 먹었다. 이런 즐거운 일이 나를 설레게 했고, 살아있게 했다. 그럼에도 오늘, 일요일은 외출하지 않겠다. 그 며칠 동안 텃밭과 화단에 나가지 못해 몸이 근질근질했다. 아침을 먹는 둥 마는 둥 호미를 들고 밭으로 향한다. 쌩초보인 우리는 호미 한 자루, 삽 한 자루, 모종삽 2개 가지고 텃밭과 화단을 가꾸기 시작했다. 이런 우리를 보고 이웃집 어른이 호미를 빌려주었는데, 교과서에서나 보던 그런 호미가 아니었다. 성능은 얼마나 좋은지, 연장이 좋으면 절반은 먹고 들어간다는데. 문외한인 우리는 전에 살던 집주인이 두고 간 게 전부인 줄로만 알았다. 심사숙고 끝에 주문한, 신기한 모양의 호미가 왔다. 창고에 며칠 동안 모셔두기만 했다. 호미도 몸이 근질근질하다고 구두덜거렸다.

고작 며칠 돌보지 않았을 뿐인데 잡초가 많았다. 신들린 호미질이 또 시작되었다. 그러다 아뿔싸, 눈앞이 어지러웠다. 아지랑이인가, 너무 볕이 좋아 현기증이 난 건가, 별생각이 다 떠올랐다. 눈을 감고 알 수 없는 이 사태가 진정되기를 기다렸다. 이 정도면 됐겠지. 눈을 떠서 다시 아래를 내려 보았다. 딸기밭에 작은 움직임이 보인다. 눈에 힘을 주고 초점을 모아 보니, 개미였다.

내가 어지러운 게 아니고 개미들의 움직임이 어지러웠다. 줄잡아 백여 마리는 될 성싶었다. 딸기밭 어디에 개미집이 있었나. 어디론가 막 달려가는 녀석, 무언가 들고 있는 녀석, 제 몸보다 큰 걸 들고 내달리는 녀석. 어지럽게 왔다 갔다 하는 걸 보니 심상찮은 일이 일어났나 보다. 개미의 대화를 들을 수 있다면 한편에서는 큰일이 났다고 소리를 지르고, 다른 쪽에서는 알은 무사한지 묻고, 또 다른 누군가는 여왕을 구출해서 달아나야 한다고 할 상황이다. 그런데 신기하게도 우왕좌왕하는 것처럼 보이는 개미가 한꺼번에 사방팔방으로 내달리는데도 한 마리도 부딪치는 녀석들이 없다. 그럴 수 있나. 인간 세상에서 수십 년 살아본 나로서는 이해할 수도, 상상할 수도 없는 일이다.

그러고 보니 정작 개미를 유심히 살펴본 적이 없다. 우리 집 입주민 중 식구 수가 제일 많을지도 모르는데 그동안 무심했다. 너무 작은 녀석이어서 눈이 뱅글뱅글 도는 듯 어지러운데도 들여다보는 재미가 있다. 사람 중에도 키 큰 이가 있듯이 개미 중에도 좀 더 큰 놈도 있다. 개미는 다 똑같이 생긴 줄 알았는데 우리가 각양각색의 생김새를 가지고 있듯이 개미도 그럴 수 있겠다. 작고 하얀, 둥근 것을 들고 가는 개미가 눈에 띈다. 그 녀석이 나온 곳 근처에는 더 크고 하얀 덩어리가 소복하다. 어디로 가는 건가. 자기 몸보다 큰 걸 들고 잘도 움직인다. 약속된 장소가 있는 듯 한 치의 망설임도 없이 들고 나온 곳과는 좀 떨어진 흙 속으로 돌진한다. 그 구멍에서 다른 녀석이 나왔는데, 저 속에 집을 새로 마련하려고 그러나. 이번에는 덩치가 조금 더 큰 녀석이 눈에 띈다. 그 녀석은 바깥으로 나간다. 뭘 가지러 가는 건가. 어찌나 바쁘게들 움직이는지 누구 하나 잡고 물어볼 수도 없다.

눈만 껌뻑껌뻑, 막상 해줄 수 있는 건 하나도 없고, 미안하고 민망한 마음에 흙을 한 삽 떠서 살짝 덮어주었다. 너희에게 전혀 적의는 없었단다. 집 잘 지어. 김매기 한답시고 밭을 헤집었는데 그때마다 개미집이 무너졌을까. 딴에는 돕는다고 부어준 흙도 그들에게는 재난이었을지도 모르겠다는 생각이 든 건 이미 흙이 개미들 위로 쏟아진 다음이었다. 내 하고 싶은 일만 보느라 너희를 보지 못했다. 도와준다고 한 일조차 너희 입장을 배려하지 못한 행동이었다. 얼마나 놀랐을까. 호미를 고이 모셔두고 집 안으로 들어와 버렸다.

초봄, 밭에 거름 부어서 흙을 뒤집는데 지렁이가 나왔다. 농사를 지어보진 않았지만, 지렁이가 농사에 중요한 역할을 하는 건 알고 있었다. 밭을 뒤적거리다 지렁이가 나오면 얼마나 반가웠는지 모른다. 혹시 다칠세라 흙을 덮어주고 다른 쪽으로 흙을 고르곤 했다. 그러다 실수로 반 토막 내기도 했다. "죄송합니다."하고 흙으로 덮었지만 이미 늦었다. 지렁이는 생을 마감하고 말았다. 호미질도 조심조심해야 하는데, 이 생명체 덕분에 밭이 기름지고, 우리 먹거리도 고품질로 탈바꿈하는데 말이다.

농촌에서 나고 자란 어머니가 거름을 흙과 섞어줘야 한다고 했는데 어머니는 어떻게 지렁이를 죽이지 않고 그게 가능했을까. 나는 흙을 뒤적일 때마다 개미집을 부수고, 지렁이를 반토막 내는데 말이다. 그것도 물어보아야 할까. 몇 년 하다 보면 흙을 뒤집기 전에 지렁이와 개미집을 미리 볼 수 있고 그래서 피할 수 있는 능력이 생겨날까.

옛날, 스님이 산길을 걸을 때 지팡이를 짚고 다녔다. 그 이유가 먼 길 다니느라 힘들어서 그런 것도 아니요, 산에서 강도 만났을 때를 대비한 호신용도 아니었다. 그건 땅을 두드려 작은 동물에게 피하라는 신호를 보내기 위한 수단이었다. 살생을 막기 위한 방도. 눈에 잘 보이지도 않는 작은 동물에게까지 미치는 보살 마음. 삶을 구하기 위한 작은 생명의 다급했을 움직임. 자신이 보내는 신호로 생명을 구할 시간을 벌어주느라 천천히, 밟더라도 덜 다치게 살살 디뎠을 스님의 느린 걸음. 그 모습을 떠올리는 순간, 생존경쟁 전선에서 전전긍긍하느라 쪼그라들었던 심장이 말랑말랑해지고 부드럽게 펴지는 듯했다.

본 적도 없는 그 풍경을 오래오래 간직했었는데, 그건 마음속에 간직한 아름다운 이야기였을 뿐이었다. 개미에게 위험이 닥쳤다는 신호를 주기는커녕 신들린 호미질로 개미집을 부수고, 지렁이를 죽여 버렸다. 아무래도 나는 옛날 선승처럼 살 수 없겠고, 이슬만 먹은 돌이 토끼처럼도 살 수 없겠다. 나는 개미가 사는 땅을 파헤쳐서 씨앗을 뿌리고, 모종을 심어 열매를 거두는 존재이다. 어렵게 겨울을 이겨낸 식물을 아무런 미안함 없이 뜯어먹고 봄나물은 약이야, 참 맛있네, 말하는 존재이다. 얼마 전까지 나처럼 숨을 몰아쉬던 동물을 먹어야 살 수 있는 존재이다. 집 지을 곳 근처에, 땅속에 어떤 생물이 사는지 전혀 고려하지 않고 땅을 부수고 그 땅 깊이 기둥을 내려 튼튼한 집을 지어야 안전하게 살 수 있는 존재이다. 내가 하는 일 어느 하나도 생태계에 영향을 주지 않는 게 없는. 좋은 영향이면 다행이겠지만, 별로 그러하지도 못한. 그런 나는, 선승과 다른, 돌이 토끼와도 다른 내 방식으로 살기로 한다.

딸기가 호미질로만 얻어지는 건 아니라는 걸 기억한다. 메마르고 단단한 땅을 비집고 다녀서 공기를 머금은 흙이 되게 하고, 먹이를 저장하고 알을 낳고 살면서 유기물을 품은 흙이 되게 해주는 개미와 개미가 버린 쓰레기를 먹고 뱉어내는 행위로 기름진 토양이 되게 해주는 지렁이를 기억하기로 한다. 개미보다 더 작아 우리 눈에 보이지 않을 뿐인, 땅과 공생하는 생명체를 잊지 않기로 한다. 대신 고마운 개미와 지렁이와 그 생명이 살 수 있는 땅을 만들기로 약속한다. 나 또한 흙 덕분에 존재하는 생명 중 하나임을 잊지 않기로 한다.

집은 다 지었을까. 적이 쳐들어와도 무너지지 않는 튼튼한 집을 짓기는 불가능할 테고, 무너지면 또 짓는 수밖에. 일 잘하고 빨리 집을 짓는 쪽으로는 세계 최강인 녀석들이니 이미

다 끝났을지도 모르겠다. 고작 세 사람 사는 우리보다 훨씬 수도 많을 테니 그것도 다행이다. 한시름 놓을 만하면 쳐들어 오는 적 때문에 너희가 고생이 많다. 그리고 미안하다. 내일 또 보자, 개미야.

들고양이와 집고양이

"비비총을 삽시다."

"아니다. 내가 새총을 만들게."

"자칫 하다가는 동물 학대로 고발될 수도 있어요."

고양이 때문이다. 이런 대화를 나누게 된 건.

집주인인 우리가 이사 오기 전부터 고양이가 집주인 행세를 하고 있었다. 그것도 우리가 키우던 고양이도 아닌, 들고양이가. 사실 처음에는 고양이 똥인지 몰랐다. 기겁했다. 빈 집이라고 그랬나, 남의 집에 똥을 싸고 다니는 사람이 있나, 의문이 꼬리에 꼬리를 물고 일어났다. 도대체 너는 누구의 것이냐. 한참이나 누구 것인지 오리무중일 때였다.

마당에서 웬 고양이가 일어나 가는데, 옆에 김이 모락모락 나는 그것이 있지 않은가. 그 똥이 사람의 것이 아님에 안심했다. 하지만 더 큰 일이 기다리고 있었다. 한 번으로 그치는 일이 아니었다. 잊을 만하면 존재감을 드러내고 유유히 사라졌다. 고양이는 우리 집에서 최고 권력자이자 상위 포식자임이 틀림없다. 똥에 있어서는. 우리 집이 그 녀석들의 배설 장소로 전락하고 있었다. 우리 멋진 보금자리가 말이다. 가족들은 비분강개했다. 나타나기만 하면 내쫓았다. 하지만 지금까지는 고양이의 완승이다.

고양이는 고운 모래에 볼일을 보고, 흔적을 지우는 영리하고 깨끗한 동물로 알고 있었는데 이런 상스러운 행동이나 하는 녀석이었다니. 그런 고귀한 습성은 집에서 키우는 고양이에게만 해당하는 행동이었다. 들고양이에게 그런 습성은 없다. 마당에 싸는 놈은 양반이다. 텃밭에 싸놓고, 흙으로 덮는답시고 밭을 헤적이니, 뿌려놓은 씨앗은 싹이 트지 못하고, 심어놓은 모종은 자라지도 못한다. 벌써 몇 번째인지 모르겠다. 그뿐이 아니다. 기분 좋게 마당에 핀 꽃을 감상하다 고약한 냄새 때문에 얼굴 찌푸린 게 한두 번이 아니다. 몸을 흔들며 걷다 떨쳐 지지 않는 구리구리한 냄새에 혹시나 하고 신발 밑을 들여다보다가 고양이 똥을 발견하고 질겁을 하기도 한다.

쫓아내려고 안달을 내지만 우리가 이사 오기 전부터 이곳을 어슬렁거렸을 고양이 입장은 어떨까. 여기는 본래 내 구역인데. 햇빛 즐기는 데 소리 질러 놀라게 하고, 낮잠 자는 거 방해하고, 내 구역에 자꾸 뭐 갖다 놓고, 참 귀찮은 종자들이네. 여긴 내 구역이야옹. 아무리 말해도 못 알아듣고 거 참 답답하네. 어디 금 그어놓은 것도 아닌데 자꾸 대문 만들고, 걸어 잠그고 말이지. 그렇다고 우리가 못 들어가는 것도 아닌데, 쓸데없는 데 힘 빼는 참 희한한 족속이란 말이야. 너희나 우리나 다 지구 품에 키워진 존재인데 혼자 살려고 그러냐, 같이 좀 살자고. 또 소리는 왜 지르고 그래, 놀라게. 중요한 일 하는데 그러는 거 아니야. 정 그게 보기 싫으면 안 보이는 데 냄새 안 나게 잘 치우든지. 지구를 살리네, 어쩌네, 말로만 하지 말고, 그 똥 잘 활용해 봐. 니야오옹. 고양이가 게으르게 기지개 켜며 이렇게 말할지도 모르겠다.

정말 이길 수도 없는 전쟁이니 용쓰지 말고 다른 방법을 찾아야겠다. 강아지 똥은 민들레 거름이 되어 주었는데, 고양이 똥도 거름으로 쓰려나. 고양이 똥 냄새는 사람만큼이나 지독하다. 게다가 들고양이의 그것은 엄청나게 크다. 이 똥은 거름이다, 생각하고 고이 묻어놓자. 썩으면 좋은 일에 쓰인다, 이렇게 생각하자 했지만, 막상 치울 땐 나도 모르게 욕 한마디 나온다. 어제 치웠는데 오늘 또 보면 정말이지 고양이가 밉다. 우리 집에 똥을 싸는 고양이가 도대체 몇 마리인지 모르겠다. 똥이 발견되는 장소가 세 군데로 나누어져 있다. 각자 자기가 정해놓은 구역이 있는 것 같다. 사수해야 하는 곳에는 울타리라도 쳐야 하나. 고양이가 자꾸 미워지려고 한다. 이웃은 고양이와 어떻게 같이 살까. 그들도 우리처럼 전쟁 같은 날을 보내고 있나.

그러고 보니 들고양이가 본래 이렇게 많았나 싶을 정도로 자주 보였다. 그런데 그들은 들고양이가 아니라 길고양이라고 한다. 겉모습으로는 구분할 수 없지만 들고양이는 야생에서 나고 자랐고, 길고양이는 유기묘라는 차이가 있다. 길고양이는 집고양이의 습성을 가지고 있어 주택가 근처를 어슬렁거린다. 우리 동네 고양이가 그렇게 많은 건 그만큼 많이 버려졌기 때문이었다. 교외이고 공원 부근이니까 버리기 쉬워서이다. 참, 고약한 인심이다.

더 고약한 건 유기묘로 인해 들고양이까지 많아진다는 점이다. 길고양이로 오래 살면 집고양이의 습성을 잃고 야생화되며, 그 고양이의 새끼는 들고양이가 된다. 들고양이는 주로 야생동물의 알이나 새끼를 사냥하는데, 상위 포식자가 없어 생태계가 교란되고 있다고 한다. 유기묘는 결국 생태계까지 교란한다. 이렇게 된 건 고양이 때문이 아니라 고양이를 버린 사람들 때문이니 고양이가 나쁜 게 아니라 사람이 문제다.

그런데 사람이 일으킨 이 문제를 해결하기 위해 환경부는 〈들고양이 포획 및 관리 지침〉을 정해 덫이나 총기 등으로 들고양이를 포획할 수 있게 했다. 버려진 고양이라도 길고양이는 농림축산식품부가 관리하며, 동물보호법의 보호를 받는다. 길고양이에게 해코지하거나 학대를 하면 1년 이하의 징역, 1천만 원 이하의 벌금을 받게 된다. 법으로는 들고양이와 길고양이가 구분되지만, 막상 돌아다니는 고양이를 보면 그게 들고양이인지 길고양이인지 쉽게 알아차릴 수도 없는데 말이다. 이렇게 들고양이와 길고양이는 생김새도 경계도 구분하기 어렵지만 처지는 냉혹하게 구별된다. 정말이지 고약하다.

들고양이니, 길고양이니, 분류해서 고양이 때문에 환경이 나빠진다고들 한다. 하지만 고양이 입장에 서면 인간이 문제이다. 좋다고 키울 땐 언제고 찾아갈 수도 없는 곳에 버리고 가버리질 않나, 겨우 똥 싸는 걸 가지고 노발대발하질 않나, 게다가 길고양이인지 들고양이인지 명확히 구분하기도 어려운 법령으로 명줄까지 좌우하질 않나. 어떤 고양이는 고귀한 가문에서 태어나 귀한 대접을 받고, 어떤 고양이는 귀한 집 태생이 아니어도 집사를 잘 만나 게으르게 살아도 이쁨만 받는다. 하지만 우리 동네 길고양이는 신세가 그다지 편치 않다. 눈치 보며 길거리를 배회하고, 쓰레기봉투 뒤져서 먹이 구하고, 그 먹이도 서로 먹으려고 쌈박질하다가 꼬리가 잘리기도 한다. 그렇게 마구잡이로 먹다 보니 몸은 퉁퉁 붓고 내놓은 배설물 냄새는 지독하다. 또 얼마 살지도 못한다. 도로 건널 때 운이 없으면 차에 부딪혀 황천길 간다. 고단한 길고양이 신세가 다시 귀염받는 집고양이가 되기는 어렵다. 그러니 그들이 낳은 새끼는 어미보다 처지가 더 딱해질 게 뻔하다. 돌팔매질이나 포획꾼을 피해 도망다니는 신세가 될 테니 참으로 앞날이 순탄치 않을 운명이다.

길고양이야, 겨우 똥 싸는 문제 가지고 그렇게 야단법석을 떨어서 미안하다. 이 세상이 우리 것이라고 자주 착각한단다. 같이 사는 방법을 찾아볼게. 그릇에 밥 주는 일까지는 하지 않더라도 집 잃은 널 미워하지는 않을게. 햇볕 쬐는 널 쫓아내는 행동도 고쳐 볼게. 그런데 어쩐지 너희가 오면 집에 똥 냄새가 가득할 것 같아, 그게 두려워. 그래서 자꾸 내쫓게 돼. 너희 똥 냄새는 정말 지독하거든. 어떻게 해볼 수는 없겠냐.

새로 얻은 이웃

1.

하늘에 구름이 잔뜩 몰려와서 시위하는 바람에 어디에 있는지 알아볼 수 없다. 두리번거릴 뿐 찾지 못하니, 소리로 자기 존재를 드러낸다. 대두로 29번길 표지판 근처다. 짹짹 짹짹, 참새 소리가 이렇게 예뻤나. 책에서 수도 없이 읽은 소리인데, 소리가 재미있어 아이들과 수십, 수백 번 흉내 내던 소리인데, 읽을 때는 전혀 상상하지 못했던 느낌이다. 귀청에 곧바로 들어온 그 소리는 엷은 졸음에 겨운 하늘을 깨우고 잠자던 속귀를 두드린다. 속귀를 지나 머릿속까지 서슴없이 들어온 그 소리는 몸집은 자그마하지만, 몸을 울림통으로 잘 쓸 줄 아는 영리한 소프라노 가수가 내지르는 높고도 청량한 노래였다. 내게서는 나올 수 없는 그 소리에 꼼짝없이 사로잡힌다.

　동네에서 자주 볼 수 있는 새 중에는 까치와 까마귀도 있다. 또 아주 가끔, 본 적 없는 큰 새가 바람을 가르며 날아가기도 한다. 그 녀석들은 우리 동네 새 중에 덩치 큰 편에 속한다. 그 새들이 날 때 주변의 작은 새는 얼씬하지 않는다. 하지만 하루 중 대부분을 큰 그 녀석들보다 작디작은 참새가 제 세상인 듯 활보한다. 그런 걸 보면 우리 동네 하늘의 지배자는 이 작은 새들, 참새가 아닌가 싶다. 이른 아침 들려오는 소리는 게으른 나에게 하루를 시작하라는 자명종이고, 오후 늦게 들려오는 소리는 이제 하루를 마무리할 시간이 되었다고, 빨래는 걷었는지 살피라고, 어서어서 저녁 준비하라는 알람이다. 하늘의 지배자들은 내 시간에도 스며들기 시작한다.

　책으로 눈을 돌릴 만하면 지저귀는 게 제짝에게 구애할 생각은 않고 내게만 추파를 던진다. 생김새가 귀여운데다, 목청은 더 고우니 안 넘어가고 배길 재간이 없다. 넋을 놓고 누워서 녀석들을 바라본다. 그 얼굴에 똥 한 방 질기고 달아날지도 모른다. 그럼, 낭패다. 평상 지붕 아래로 얼굴을 숨긴 채 살핀다. 녀석들은 전깃줄에 앉아도 전기가 안 통하고, 수십 마리가 내려앉아도 전깃줄이 늘어지지도 않으니 참 신통하다. 갑자기 마당에 와 몰려 앉아서는 주둥이를 콕콕 쪼아댄

새로 얻은 이웃　103

다. 소나무에 풀썩 날아오르기도 하고, 옆에 있는 나무 근처에 내려앉기도 한다. 무얼 먹고 있나. 벌레가 있나, 풀씨를 먹나. 아, 책을 읽을 수가 없다. 벌써 30분째다.

2.

"구구구구"

비둘기가 근처에 있나 보다. 산새 소리가 많이 들려오더니 이젠 비둘기 소리도 들리네. 멀리서 들려오는 듯 아련한 소리에 그런 생각을 하며 빨래를 걷으러 마당으로 나갔다가 화들짝 놀랐다. 겨울답지 않게 햇살이 포근하게 감싸는 마당에서 고개 주억거리며 거닐던 비둘기가 인기척에 나무 위로 날아올랐다. 나는 순간 얼음이 되어 눈알만 굴렸다. 예상치 못한 상황에서 어쩔 줄 몰라 우스꽝스럽기만 한 내 행동과는 반대로 위험이 없음을 알아차린 비둘기는 여유로웠다. 날개를 조금 움직여 우아하게 내려앉았다. 우리 동네 살진 고양이처럼 둔하지도 않고, 우루루 떼지어 몰려다니는 참새처럼 촐싹대지도 않았다. 그저 고개만 들었다 숙였다, 먹이를 찾아다녔다. 용두산 공원에서나 보았던 비둘기가 우리 집 마당에서 엉덩이를 실룩대며 거닐 줄이야. 생각지도 못한 존재의 출현이었다.

　공원도 도심도 아닌 변두리 지역에 웬 비둘기냐며, 그런데 생김새가 좀 다른 것 같다고 집으로 돌아온 아들이 이야기한다. 아닌 게 아니라 내가 아는 비둘기와는 생김새가 달랐다. 좀 더 잘 생겼달까. 몸 색깔은 청회색에 가까운데 붉은 물감을 살짝 섞어놓은 듯하다. 우리가 흔히 보던 공원 비둘기보다 밝은 색조다. 몸집은 더 작고 생김새도 약간 다른 듯하다. 목이 길고 머리는 작고 몸 전체가 갸름한 편이면서도 상체에 비해 하체는 크다. 공원에서 본 비둘기도 본래 몸집이 크지 않은데 우리 동네 길고양이처럼 과자에 있는 나트륨 때문에 부었을까. 요 녀석은 겁도 없이 먹이를 찾아 나선 덕분에 식량의 보고를 차지한 치기 어린 꼬마 녀석일까. 우리가 가도 전혀 놀라지 않는 대범함은 비둘기 종의 특징인가 보다.

　웬일로 비둘기가 보일까요. 아들이 묻는다. 겨울을 보내면서 먹을 게 없어 여기까지 왔나. 여기 집 주인은 새 먹이를 슬쩍 흘려놓는다는 게 알려졌나. 잡초를 열심히 제거하지 않아 먹을 거 있다고 소문이 났나. 어머니 집을 정리하다 보니 약으로 쓴다고 구해 둔 감잎이나 율무, 메밀, 보리차가 해를 묵히고 있었다. 오래 되어 먹기 어렵고 그렇다고 몸에 좋다고 산 걸

버리기도 뭣해서 우리 집 거름으로 쓸 요량으로 가져왔다. 비에 녹겠지 싶어 화단에 뿌려놓은 걸 어떻게 알고 비둘기가 쪼아먹으러 왔다. 먹이 구하기 힘든 겨울이 다 가도록 비둘기가 마실 왔다. 덕분에 산비둘기 구경 실컷 했다.

3.

  이른 아침 수영강에 산책하러 갔다. 흰 몸뚱이에 주둥이 기다란 백로 한 마리가 물가에 있다가 급하게 날아오른다. 뭐 그만한 소리에 놀라기는. 다리를 거의 다 건너갔을 때쯤 남편이 움직이지도 않고 뭔가를 내려다보고 있다. 다가가 보니 다리 사이에 오리 떼가 먹잇감을 찾았는지 부지런히 부리를 내리찍고 있다. 나도 남편 옆에서 오리가 볼 일을 다 보기를 기다린다. 그렇게 얼마간 있으니, 용무가 끝난 무리가 움직인다. 지나는 자리에 물결이 여러 겹이다. 지난겨울에 태어난 새끼들은 몸집이 제법 커지고 수영을 곧잘 한다. 어미보다 재빨리 나아가서는 장난을 치며 기다리는 녀석도 있다. 올 초만 해도 뭐든 서툴렀는데.
  그땐 아직 바람이 찼다. 나들이 나온 오리 가족은 강가 얕은 데서 물살을 거슬러 올라가려던 참이었다. 태어난 지 얼마 안 된 새끼들은 털이 삐죽했고, 헤엄은 서툴렀다. 평소 같으면 재빠르게 물살을 갈랐을 어미는 천천히 나아갔다. 뒤돌아보지 않고도 새끼들이 따라갈 정도 빠르기를 유지하는 모습에서 어떤 위엄이 느껴졌다. 새끼들은 어미를 따라 얕고 흐름이 빠르지 않은 곳을 조심조심 올라갔다. 그런데 한 오리만 유독 거센 물결에 맞서고 있었다. 모험하려고 그랬겠나. 가다 보니 어쩌다 그리되었을 뿐. 거기가 물살이 센지도 몰랐을 테니, 그래서 자기가 그런 상황에 놓일 줄도 몰랐다. 속수무책이었다. 마침 다리 위에서 봄볕을 즐기던 사람들이 새끼 오리의 작은 몸뚱이가 물살에 핑그르르 도는 모습을 보고 웃음을 터뜨렸다.

 지금 주둥이를 물속에 집어넣었다, 무얼 물었다, 하며 강가를 휘젓고 다니는 저 무리 속에 그날의 새끼 오리도 있겠지. 자기보다 큰 힘에 저항할 수 없었던 지난날을 뒤로 하고 물살을 유유히 가르며 이 동네 터줏대감이 되어 있겠지. 얼마 안 있어 자기가 놀던 데가 좁다고 근처 수원지까지 날아갈지 모를 일이다. 오랫동안 어미를 떠나 자기만의 모험을 즐길지도 모를 일이다.

4.

제비는 얼마나 컸나, 제비집으로 다가가면 얼마나 재빠른지 어미는 야속하게 후르륵 날아가 버렸다. 남아있는 새끼들만 꼬물거렸다. 얼굴 좀 보여주지. 저 아가들도 날기를 다 익히고 나면 빈 둥지만 남겨놓고 제 무리 속으로 가버리겠지. 제비는 궁금하게 해놓고, 애만 태우게 해놓고 번번이 날아가 가버렸다. 가까이 보고 싶은 욕심에 둥지 가까이 남편 가게에서 쓰던 CCTV를 달았다. 제비집 아래 기웃거리는 꼴을 어여삐 여긴 날에는 몇 가지 재주를 보여주기도 했다. 도시에 살면서 제비가 곡예를 부리는 모습을 나처럼 가까이서 본 이가 있을까. 위로 치솟았나 하면 어느 틈에 바닥을 스치듯 날았고 어느새 공중으로 수직상승했다. 저러다 땅에 닿지는 않나, 어디에 부딪히지는 않을까 걱정되지만, 제비는 한 번도 땅에 스치지도 않고 나무에 걸리지도 않았다. 제비가 바람을 타며 나는 날렵한 모습은 어머 어머, 이런 소리가 절로 나오게 했다. 눈이 커지고 입은 귀에 걸렸다.

"올 때가 되었는데."

"올해는 딴 데 갔나?"

작년에 기쁨을 주었던 제비를 봄이 되면서부터 기다렸다.

드디어 기다리고 기다리던 제비가 왔다. 한동안 꽤 여러 마리가 동네 주변을 탐색했다. 집 근처를 맴돌기만 하던 제비가 드디어 우리 처마에 자리를 잡았다. 옥상 아래 길게 나온 처마 덕분에 비와 바람을 가리기 좋고 근처 수영강에서 흙을 운반하기도 좋아서이다. 작년에 지어놓은 둥지에 입주한 녀석들은 어찌나 빠른지 언제 왔다 가는지, 오기는 하는지 알 길이 없었다. 게다가 말썽을 부리던 CCTV가 고장났다. 그 바람에 올해는 알을 품는 모습도, 새끼가 제 얼굴보다 큰 입을 벌리는 모습도, 어미가 새끼에게 먹이를 재빨리 넣어주는 모습도 보지 못하게 되었다. 본디 사람을 무서워하지 않아 사람이 사는 곳에 둥지를 트는데, 올해 온 제비는 어쩐지 낯을 심하게 가린다. 작년보다 보기가 어려웠다.

제비 부부가 심사숙고 끝에 고른 보금자리였는데 나쁜 일이 닥쳤다. 시끄러운 소리에 나가보니 덩치가 한참 큰 까치가 날고 그 뒤를 작은 제비 부부가 쫓고 있었다. 담장 밖 전봇대에 둥지를 틀어 살고 있는 까치인 것 같았다. 덩치가 반도 안 되는 녀석들이 어찌나 당차게 덤벼들던지 서슬 퍼런 기세에 까치가 쫓겨갔다. 하지만 멀지 않은 곳에 까치집이 있는 한 제비에게 안심할 수 없는 삶의 연속이었다. 어느 날에는 빨래를 널기 위해 옥상으로 올라가다가 숨넘어가는 제비 소리에 고개를 돌려 보니 또 다툼이 시작되었다. 까치는 제비의 아우성에도 아랑곳하지 않고 제비집 근처를 어슬렁거렸다. 어디서 왔는지 까마귀까지 멀찍이서 구경하고 있었다. 제비가 몇 마리 더 몰려와 끈질기에 짖어대니 까치는 좀 떨어진 이웃 지붕으로 물러났다. 그 와중에도 까마귀는 여전히 꼼짝하지 않았다. 그 모습이 왠지 엉큼하게 보였다. 까치와 까마귀는 결국 자리를 떠났다. 기름진 몸뚱이가 날개를 펴니 제법 몸이 길었다. 날아가는 그림자는 더 길었다. 제비가 놀랐겠다.

"올해는 월세라도 받아야겠다. 짜식들 돈 한 푼 안 내고 완전 무임승차하네."

"무슨 소리, 아들 대학 입학했지, 당신 입사했지."

"아, 맞네. 월세 취소, 취소다. 제비야, 못 들은 걸로 해라."

다음 날 제비집이 비었다. 우리 말을 들은 건 아닐까. 입이 방정이다. 걱정스러워서 똥을 받는 종이상자를 쳐다보니 얼마간 더 쌓인 것 같기도 했다. 다행이다. 어디 간 건 아니다. 매일 매일 제비집 아래 똥을 확인한다. 월세 안 받을 테니 여기 살아라. 돈은 못 받지만, 제비의 비행도, 제비집을 노리는 큰 새의 탐욕도, 큰 새를 쫓는 부모 제비의 용맹함도 다른 사람들은 보지 못할 구경거리다.

5.

　커튼을 걷은 창으로 키 작은 햇살이 비쳤다. 창가 책상에 앉아 새로 산 책을 보고 있는데 인기척이 들렸다. 마당 건너 나무 울타리에 앉은 까치였다. 먹잇감이라도 봤나. 갑자기 날개를 펼치며 내려왔다. 안방에 앉아있다는 걸 기억하고 있었기 망정이지, 아니었으면 날아오는 기세에, 창문에 바싹 붙어 바라보다가 움찔했을지도 모른다. 까치가 기세 좋게 내려앉은 데는 텃밭이다. 닭똥 거름 삭힌다고 비닐을 덮어씌워 놓았는데 먹을 게 있나. 텃밭 사이 풀이 자라난 데를 걸으며 연신 쪼아댄다. 좀 전에 빨래 걷으러 갔다가 한참 밭을 들여다보고 왔는데, 내 눈에는 아무것도 안 보였는데. 겨우 한 발짝 떨어진 방안에서 저를 보고 있는 줄도 모르고 까치는 한가롭다.

　배를 빼면 온통 검은색인 몸뚱이가 햇빛을 받으니, 빛이 난다. 얼핏 검은빛 가운데 파란색이 깃들어 있다. 그래서 빛이 나는 듯하고 검은색인데도 탁하게 보이지 않았나 보다. 똥그란 눈망울에 뭐가 보일까. 우리네와 다른 그 눈이 궁금하다. 아파트에 살 때, 멀리서 구경할 때는 전혀 궁금하지 않았다. 여유가 생겨서인가. 가까이서 자주 봐서인가.

까치가 우리 집 옆에 있는 전봇대에 집을 지었다. 잔가지가 많이 떨어지고 똥도 엄청나게 떨어뜨렸다. 까치집 재료는 잔가지만 있는 게 아니어서 흙덩이나 짧은 전선 같은 것도 떨어졌다. 전봇대 주변은 항상 지저분했다. 게다가 차가 다니는 길이라 떨어진 잔가지가 튈 수 있고, 새똥이 차에 떨어지면 치우는 일 또한 번거로웠다. 그보다 걱정되는 건 정전이었다. 전력 공사에 전화하니 6월이면 둥지가 비워진다고 그때 철거하겠다 했다. 전에는 바로 철거하던데, 그땐 알 낳기 전이었나 보다. 우리가 한발 늦었다. 그때만 해도 좀 지저분해서 그렇지, 두어 달 정도는 참을 수 있었다. 대수롭지 않은 일이라 생각했다. 철거를 몇 달 미룬 게 그런 엄청난 결과를 가져올지 미처 몰랐다.

처음 부모가 되는 듯 작은 제비 부부가 처마 아래 비어있던 둥지에 찾아들었다. 제비가 왔네, 앙증맞은 제비집만큼이나 귀여운 어린 부부였다. 헌신적으로 새끼를 키우는 제비 부부를 볼 기대에 부풀어 둥지 아래를 뻔질나게 드나들었다. 제비 부부가 입에 뭘 물어와서 계속 집을 수리하는 동안에도 앞으로 벌어질 일을 짐작하지 못했다. 집을 다 지었을까, 궁금하던 차에 자꾸만 제비가 죽을 듯 소리를 질러대고 가끔 까치가 짖었다. 하도 요란해서 무슨 일이 생겼나, 나가봤더니 제비 부부가 까치 꽁무니를 쫓고 있었다. 덩치 큰 까치는 마지못해 다른 데로 날아갔다. 별스럽게 싸워대네. 이런 생각만 했다. 결국 제비집이 비었다. 제비는 돌아오지 않았다. 가끔 까치만 마당 위를 날았다.

지금 보이는 까치가 그 까치일까. 사람처럼 까치도 생김새가 다르고 성격도 다를 텐데. 나는 아는 게 없다. 이렇게 가까이 있는데도 말이다. 내가 모르는 게 까치뿐이겠나. 까치가 그렇게 가까이 살면 위협을 느낀 제비가 보금자리를 마련하기 어려운 그 단순한 이치를 헤아리지 못한다. 그래서 알을 낳을 수는 있었는지, 알을 낳고도 그 둥지를 버렸는지조차 알지 못한다. 비어버린 둥지에 제비가 올까. 반질반질한 스테인리스 환기통 위에 걸친 듯 놓인 황토색 둥지가 휑하다. 손바닥만 한 둥지가 비었을 뿐인데 집 전체가 온기를 잃고 파리하다. 뒤늦게 발견한 빈집에서 무지함을 본다. 무지했으면 관심이라도 있어야 했는데 너무 무심했다.

그뿐이겠나. 텃밭에 작물을 가꾼다고 큰소리치지만, 얼렁뚱땅 심고 물 주고 거름 넣을 뿐 상추와 토마토, 오이의 습성이 어떻게, 얼마나 다른지 잘 모른다. 자라주니 고맙고 열매 맺어 반갑기만 하지, 땅속에서 나보다 부지런히 땅을 갈아엎고 거름 만들어 주는 지렁이가 텃밭 어디에서 얼마나 살고 있는지도 모른다. 여기서는 가끔 보이는데 저기서는 보이지 않는 이유도 모른다. 내가 몰라도 궁금해하지 않아도 채소는 무럭무럭 자란다. 보이지 않는 데서 농사를 도와주는 지렁이가, 무럭무럭 자라는 채소가 고마운 줄도 모른다. 하지만 그들은 내가 고마워하라고 그 많은 일을 하고 있지는 않다. 자기 삶을 살고 있을 뿐. 충실한 자기 삶이 자신을 살게 하고 옆에 살고 있는 이웃에게 닿을 뿐. 지렁이는 그렇게 식물을 살찌우고 인간을 배 불리며, 식물은 그렇게 높이 멀리 뻗어나가고 인간은 열매를 얻는다. 그런 그들 앞에서 나는 내 삶을 살아 다른 생명에게로 닿고 있나, 다른 생명을 살리고 있나 묻게 된다.

새로 이사 온 곳에서 사귄 친구는 받아본 적 없는 질문을 해온다. 그래서 자주 멈추게 되고, 생각에 잠기게 된다. 아직 말 한 번 나누어 본 적 없는데, 말을 걸어보려 해도 달아나기 일쑤이면서, 내게 질문을 하는 존재다. 그 이웃이 있어, 그 질문이 있어, 질문 앞에 고민하면서 내 삶이 풍성해진다. 또한 그들은 아무도 나를 위해 그러지 않았지만, 질문 앞에서 나는 오히려 위로를 얻고 충만해진다.

나의 마들렌

음, 좋다. 기차에서 내려서자마자 달려와서 맞아주던 바다 내음, 고향 냄새. 언제 맡아도 좋은, 미역 감촉이 느껴지고 어릴 적 줍던 조개가 떠오르는, 친구들과 맨발로 뛰어다니던 해변 모래가 실려 오는, 소금기 가득한 고향 냄새. 시골 바닷가 마을에서 나고 자란 사람. 그녀는 고향역에 내리면 자신의 정체성, 바다에서 나고 자랐으며 바다를 떠나서 살 수 없는 사람임을 되새기곤 했다.

지금은 부산으로 편입된 작은 바닷가 마을에서 나고 자란 그녀는 한때 서울살이를 한 적이 있었다. 휴가를 보내기 위해 고향 작은 기차역에 내리면 바다 냄새가 맨 먼저 그녀를 맞았다. 소금과 미역을 품은 냄새를 맡으면 비로소 자신이 고향에 왔음을 실감하고 바다가 오랜 친구같이 반가웠다. 그러고도 몇 해를 기차역에서 내려 와락 안겨드는 냄새를 맡고서야 그 냄새가 너무 그리웠다는 걸 깨달았다. 타향살이가 그녀를 지치게 했다는 것도. 그녀는 지금 고향 바닷가 마을에 터 잡고 시리게 푸른 바다를 보며, 바다가 싣고 오는 비릿한 냄새를 맡으며 살고 있다.

『잃어버린 시간을 찾아서』의 작중 화자인, 어린 마르셀에게도 소중한 추억을 길어 올리게 한 냄새가 있다. 그는 가족과 함께 여름이나 겨울 한 철을 콩브레에 있는 고모할머니 댁에서 보내곤 한다. 잠자리가 바뀌면 마르셀은 극심한 예민함으로 시달린다. 그런 그에게 위로가 되는 건 엄마가 잠자기 전 해주는 키스인데 그마저 손님이라도 오는 날에는 여의찮다. 잠옷을 입고 꼭대기 층에 있는 자기 방이나 복도에서 서성이며 엄마를 기다리는 시간은 마르셀에게 암흑의 시간이며 비극의 무대였다.

어느 겨울, 콩브레에서 돌아온 마르셀이 추위에 떠는 모습을 보고 어머니가 홍차를 권한다. 홍차에 적신 마들렌을 먹는 순간 마르셀은 알 수 없는 기쁨에 잠긴다. 떠오를 듯 말 듯 희미한 기억을 따라간 끝에 찾아내었다. 그건 콩브레에서 일요일 아침마다 고모할머니의 딸 레오니 아주머니 방에서 먹던 마들렌 과자 조각 맛이었다. 그 맛을 떠올리기 전의 콩브레는 그저 어둡고 음침한 잠자리와 방, 복도 외에 다른 건 어떤 것도 존재하지 않았다. 그것은 마치 바늘구멍으로 들여다볼 때처럼 '분간할 수 없는 어둠 속에 잘린 빛나는 한 조각 벽면'에 불과했다. 그러나 보리수 차에 적신 마들렌 조각의 맛과 냄새를 기억해 내자마자 자기 가족을 위해 지어진 작은 별채, 정원에 핀 꽃과 집 바깥으로 펼쳐진 마을, 그리로 가는 오솔길, 마을의 상징인 성당과 늘어선 가게, 그리고 온갖 날씨와 즐거웠고 왁자지껄한 소리가 함께 했던 콩브레의 추억을 온전하게 떠올리게 되었다. 콩브레는 더 이상 괴롭거나 피하고 싶은 한때가 아니라 미소를 떠올리게 하는 따뜻한 기억으로 자리 잡는다.

이처럼 우리에게는 오랜 기억을 부르는 열쇠가 하나쯤 있다. 그 열쇠는 자물쇠에 끼우기 전에는 전혀 떠오른 적 없던 장소며, 그때 날씨, 옆 사람이 지은 표정과 입은 옷까지 떠올리게 한다. 또는 기억하던 바와는 다른 진짜 의미를 알아차리게 한다. 때로는 그 열쇠가 자신이 누구인지, 무엇을 원하는지를 알아차리게도 한다. 지인에게는 그 열쇠가 비릿한 바다 내음이었으며 마르셀에게는 마들렌이었다.

아주 오랜 과거로부터 아무것도 남아 있지 않을 때에도, 존재의 죽음과 사물의 파괴 후에도, 연약하지만 보다 생생하고, 비물질적이지만 보다 집요하고 보다 충실한 냄새와 맛은, 오랫동안 영혼처럼 살아남아 다른 모든 것의 폐허 위에서 회상하고 기다리고 희망하며, 거의 만질 수 없는 미세한 물방울 위에서 추억의 거대한 건축물을 꿋꿋이 떠받치고 있다.*

마르셀이 마들렌 맛의 기억을 떠올려 콩브레가 더 이상 비극의 장소가 아닌 소중한 곳이 되었듯 내게도 행복한 추억을 떠올리게 하는 마들렌이 있다. 나의 마들렌은 뻐꾸기 소리이다. 뻐꾸기 소리는 마르셀의 마들렌처럼 비물질적이지만 집요하고, 영혼처럼 살아남아 다른 모든 폐허 위에서도 회상하고 기다리고 희망한다. 나의 뻐꾸기 소리. 달콤한 봄을 만끽하고 있을 무렵 느닷없이 달려드는 그 소리. 뻐꾹뻐꾹. 뻐꾸기 소리네, 어느새 그렇게 되었나, 벌써 여름이 오려나. 잊고 있었는데, 불현듯 들려오는 소리에 나는 처음 뻐꾸기 소리를 들었던 그때를 기억해낸다. 그리고 뻐꾸기 소리가 들려오던 그날들이 차례로 펼쳐진다. 추억은 하나하나 되살아나 마침내 거대한 건축물을 구축한다.

직장 근처에서 살다가 아이를 키우기 위해 친정 부모님 가

---

* 프루스트 지음, 김희영 옮김, 『잃어버린 시간을 찾아서 1』, 민음사, 2021, 90쪽.

까이 이사 왔다. 동네 한편에는 낮고 아담한 산이 병풍처럼 두르고 있었다. 반대편으로는 멀리 금정산이 보이는 한적한 주택가였다. 둥치가 한 아름이 넘는 나무가 지천으로 있고 새가 자주 놀러 왔다. 이사 간 첫해 어느 일요일, 청소를 마치고 거실문을 열어놓은 채 여유를 만끽하고 있었다. 세 들어 살던 2층은 사방이 탁 트여 하늘이 잘 보이고 알록달록 제각각의 색깔과 모양을 한 지붕과 옥상을 보는 재미가 있었다. 마침 앞집에서 우리 2층까지 팔을 뻗은 대추나무 무성한 잎 사이로 바람이 지나고 그 바람에 몸을 맡기고 있었다.

난데없이 뻐꾸기 소리가 들려왔다. 길 건너 중학교 근처 낮은 숲에서 들려오는 소리였다. 아련하고도 청명한 그 소리는 평범한 우리 동네에서 들을 수 있을 법한 소리가 아니었다. 적어도 내게 그 소리는 지상의 소리가 아닌, 천상계에나 속할 법한 소리였다. 도시에 살면서 처음 들은 그 소리에 오래도록 귀를 기울였다. 그날부터 만나는 이마다 우리 동네에 뻐꾸기 소리가 들린다고 했다. 눈치 잘 보는 내가 사람들이 시큰둥해도 전혀 마음 상하지 않았다. 이유도 없이 설레었다. 다른 소리도 아닌 뻐꾸기 소리에 왜 그랬는지 알 수 없다. 그때부터 뻐꾸기 소리가 무작정 좋았다. 주말이면 밀린 빨래며 청소를 끝낸 후 서둘러 차 한 잔을 들고 난간에 기대어 뻐꾸기 소리를 듣는 게 일과가 되었다.

그날부터 어린 왕자에 길들어진 여우가 되어 뻐꾸기 소리를 기다렸다. '뻐꾹뻐꾹 여름 오네. 뻐꾸기 소리 첫여름 인사, 잎이 새로 돋아나네.' 뻐꾸기 노래를 부르며 무더운 여름을 기꺼이 지낼 수 있었다. 하지만 허리는 아픈데 칭얼대는 아이가 진정할 기미가 없어 하염없이 아일 업고 어르던 때에 들리는 뻐꾸기 소리는 처연했다. 어쩐지 그 소리는 내 처지하고 비슷했다. '뻐꾹뻐꾹 봄이 가네. 뻐꾸기 소리 잘 가란 인사 복사꽃이 떨어지네.' 노랫말 어디서도 찾아볼 수 없는데, 떨어지는 복사꽃이 서러운지, 투정을 그치지 않는 아이를 업고 있어야 하는 내 처지가 서러운지, 알 수 없는 눈물을 흘리기도 했다. 첫 아이라 어쩔 줄 몰라 서로 힘들었던 시간을 뻐꾸기 소리와 함께 했다.

걷기 시작한 아이는 하버지, 하머니 제대로 발음도 못 하면서 할아버지, 할머니를 졸졸 따라다녔다. 아파트 꼭대기인 5층에서 1층으로 쓰레기를 버리러 내려갈 때도, 시장을 보러 갈 때도 어디든 따라다녔다. 잠시도 가만히 있지 못하는 아이를 위해 부모님은 근처 중학교에 자주 갔다. 이제 어른이 된 아이는 해가 아주 긴 어느 때, 학교 모래사장에서 지루해질 때까지 뒹굴고 놀았던 때를 가장 오래된 기억으로 떠올린다.

따스한 햇살 아래, 햇살만큼 따스하게 자기를 지켜보고 있는 할아버지와 할머니. 아이는 아마도 행복한 추억으로 그날을 떠올리리라. 그날도 근처 숲에서는 뻐꾸기가 울었겠지.

　이런 일도 있었다. 출근 시간이 이른 나를 위해 어머니는 우리 집까지 아이를 데리러 오곤 했다. 하루는 아침에 아이를 데리고 5층 친정집으로 올라가는데 갑자기 아이가 아파트 계단에 놓여있는 신문을 줍더라는 것이다. 아이는 자기 몸보다 큰 걸 낑낑거리며 들고 집으로 들어가서는, 아버지 글씨 쓰는 방 책상에 툭 떨어뜨려 놓았다. 아버지는 한지가 없을 때면 신문지에 글을 썼다. 아버지는 미래가 불투명했던 예술가의 삶을 포기하고 자녀를 다 키우고 나서야 좋아하던 일을 할 수 있었다. 밤늦도록 글씨를 쓰고, 신문지를 깔아놓고 도장을 파곤 했다. 그래서 아버지가 있는 방에는 항상 신문이 있다는 걸 아이가 알았던 모양이다. 어쨌든 그 이야기는 한동안 아파트의 전설이 되었고, 그 후로는 신문이 오면 얼른 자기네 집으로 가지고 들어갔다는 얘기도 있다. 그렇게 아이가 좋아하던 아버지는 일찍 세상을 떴다. 아버지 49재를 지내던 산사에서, 그날도 뻐꾸기 소리가 처연하게 들렸다.

　작은 아이까지 두발자전거를 타게 되자 우리는 차에 자전거 거치대를 달았다. 사람도 차도 거의 안 다니는 오솔길에서 자전거를 내렸다. 아직 어린 아이라 만일을 대비하여 나는 차를 몰고 뒤따라가기로 했다. 처음 셋이 자전거를 탄 날, 그 신기하고 감격스러운 순간을 담고 싶어 사진기를 꺼냈다. 그때도 늦봄이었다. 어디서 보았을까. 뻐꾸기가 첫 모험을 축하해 주었다. 그해 주말마다 자전거를 세 대 싣고 공원으로 산으로 다녔다. 작은 아이가 초등학교를 졸업할 때까지 우리의 자전거 나들이는 계속되었다. 그 시절 사진에서 나는 뻐꾸기 소리를 듣는다.

이렇게 내 삶 굽이마다 뻐꾸기가 있었으며 그래서 평소에는 잊고 있었지만, 뻐꾸기 소리가 들리면 나는 그 일들을 떠올리게 된다. 수십 년 세월이 흘렀음에도. 그것은 프루스트가 책에서 써놓았듯 일본 사람들 놀이에서처럼 물을 가득 담은 도자기 그릇에 작은 종잇조각들을 적시면 형체가 없던 종이들이 물속에 잠기자마자 펴지고 뒤틀리고 채색되고 구별되면서 꽃이 되고, 집이 되고, 사람이 되듯이. 형체가 없던 종이들이 꽃이 되고, 집이 되고, 사람이 될 때까지 그리하여 그림이 완성될 때까지 멈추지 않듯이 나의 기억도 차례차례 재생된다.

아련한 향수를 불러일으키는 뻐꾸기지만 생태는 고약하기 이를 데 없다. 어미는 다른 새 둥지에 알을 낳고는 가버린다.

알을 가장 먼저 깬 뻐꾸기 새끼가 태어나자마자 하는 일은 어미 못지않다. 새끼 뻐꾸기는 둥지의 주인인 어미 새가 정성스럽게 돌보던, 아직 깨어나지 않은 알을 모두 아래로 떨어뜨린다. 그걸 모르는 어미 새는 자기보다 덩치 큰 새끼 뻐꾸기를 자기 새끼라 여기고, 살아남은 오직 한 자식에게 정성을 다한다. 자기보다 작은 어미한테 먹이를 넙죽넙죽 받아먹는 뻐꾸기를 보면서 저러다 어미 새까지 먹어버릴라, 애를 태운다. 뻐꾸기는 어떤 진화 과정을 거쳤기에 그런 뻔뻔한 삶을 선택하게 되었을까. 사람이었다면 염치도 모르는 놈, 이렇게 욕하겠지만 본능에 의해서 살아가는 생물일 뿐이다. 그러나 내가 뻐꾸기와 뭐가 다를까. 나를 키우고 우리 아이까지 사랑으로 키워주었지만, 지금은 혼자 남아 외로울, 나이 든 어머니가 불러도 한걸음에 달려가지 않는다.

아이 때문에 이사 온 우리는 이 동네에 눌러살고 있다. 새소리를 매일 듣는다. 새소리가 왜 이렇게까지 나를 들뜨게 하는지 이유를 알 수 없다. 그런데 희한하게도 기분 좋게 하는 어떤 새소리도 뻐꾸기 소리만큼 순식간에 만화경이 펼쳐지는 마법을 부리지 못한다. 오늘도 산책하다 첫 뻐꾸기 소리를 들었다. 이번에도 어김없이 처음 뻐꾸기 소리를 들은 그날로 돌아가고, 한 치의 거스름도 없이 계절을 알려주는 뻐꾸기 소리

나의 마들렌

에 곧 여름이 옴을 알게 된다. 염치도 모르는 뻐꾸기가 염치 없는 나를 일깨우고, 처음부터 어버이이지 않았던 부모님이 어버이로 살았을 세월을 떠올리게 하고, 돌아가신 아버지를 몹시 그립게 한다. 마르셀이 콩브레를 그리워하듯이. 한 입 베어 문 마들렌으로 추억의 건축물을 쌓아 올리듯이.

냄새, 세상

나는 사랑한다. 가을의 향기를. 은목서와 국화와 풀 마르는 냄새를.

공원이 있는 동네에 이사 와서 누리는 호사는 내 손으로 가꾸는 수고를 하지 않고도 멋진 꽃과 나무, 이름 모를 풀꽃이 어우러진 자연을 사시사철 즐길 수 있다는 점이다. 비가 오면 비가 오는 대로, 하늘이 붉게 물들면 또 그런대로. 한참을 있어도 근처를 날던 왜가리 한 마리가 분수대에 내려앉는 모습이 고작인 한산한 공원은 고즈넉한 매력을 발산한다. 그런가 하면 사람들로 북적이는 주말 공원은 또 다른 매력인 활기가 넘쳐흐른다.

다닥다닥 붙어 있는 텐트. 아이들 뛰노는 모습. 함께 놀아 주는 젊은 부모. 이를 지켜보는 나이 지긋한 어른들이 짓는 여유로우면서 한편 몹시 권태로운 표정. 붉고 노란 잎이 향연을 펼치는 이 계절에는 활기가 유난히 더하다. 해가 떨어질 때까지 서로를 부르는 소리, 깔깔대는 소리, 음악 소리가 우리 집에까지 들려온다. 그 즐거운 소리에 이끌려 공원으로 향할 때도 있지만 조용한 산책을 즐기는 우리에게 그 소리는 산책 주의 경보다. 공원에서 들려오는 소리가 가실 때까지 기다려 이른 저녁을 먹고 산책을 나선다. 밤이 이르게 찾아오는 동네라서 서둘러 나서도 어둑어둑해지기 시작한다.

공원에 들어서는 길에서부터 노랗고 빨간 손짓에 이끌려 즐겨 걷는 강가가 아닌 공원 둘레길로 향했다. 무심코 걷다 무언가 평소와 다른 게 느껴졌다. 무엇이 달라졌을까. 지난번과 다를 바 없는데. 뒷걸음쳐 되돌아갔다가 앞으로 나아갔다, 돌아가기를 몇 번 하고서야 알았다. 은은하고도 달콤한 향이었다. 어디서 온 소식일까. 한참 서성이다가 찾아냈다. 뾰족한 잎 틈으로 수줍게 고개 내민 작고 하얀 꽃. 은목서였다. 너였구나, 이런 달콤한 향기를 풍기는 게. 가을마다 우릴 즐겁게 해주던 너였는데, 잊고 있었다. 반가움이 달려든다. 빨리 알아차리지 못한 미안함에 향기 머금은 공기를 들이마시며 점점 가시에 다가갔다. 날카로운 생김새 때문에 가까이 하기 어렵지만 향기에 먼저 매혹당한 사람이라면 뾰족한 방어에 마음 두지 않는다. 10월이 다 가도록 둘레길을 걸어야 할 이유가 생겼다. 내년에는 잊지 않고 내가 먼저 너를 찾을게. 코로나 후유증으로 바람에 실려 오는 이 향기를 맡지 못하는 남편은 냄새라는 세상 하나를 잃었다. 수시로 공격하는 고양이 똥 냄새와 거름 냄새를 맡지 않는 좋은 점이 있기는 하지만.

가을이 시작되면서부터 우리 집 국화도 꽃을 피웠다. 봄에 얻은 소국은 내가 아는 오밀조밀함은 없고 여름 동안 멀대처럼 키만 키웠는데, 드디어 무성한 잎 사이로 노란 꽃이 점점이 박혔다. 꽃잎, 꽃술 저렇게 작아도 갖출 걸 다 갖추고는 굵지도 않은 줄기 하나에 자그마한 꽃들이 쪼로미 달렸다. 햇살이 따사로운 어느 오전이었다. 국화가 부르는 소리를 들은 것 같아 달려 나가 보니 나만 부른 게 아니었다. 벌이 먼저 와 있었다.

이사 오고 나서 이렇게 벌이 많은 건 처음이었다. 한참 앵앵거리는 게 맛있는 음식 찾았다고 친구를 부르는 거 같기도 하고, 식사 중인지 소리가 잠시 멈추기도 했다. 근데 어떻게 알고 왔을까. 나처럼 향기를 맡았을까. 갑자기 이런 초등학생도 금방 대답할 궁금증이 생겼다. 물론 아니다. 벌은 그 조그만 몸뚱이에 있는 수천 개나 되는 홑눈이 모여 완성된 겹눈이 꽃을 찾아낸다. 발달한 눈 덕에 사람이 보지 못하는 꽃의 무늬까지 알아본다. 꽃에 새겨진 무늬는 꽃술로 가는 초대장이다. 꽃술로 안내된 벌은 꽃가루를 잔뜩 묻혀주고 대가로 얻은 꿀을 공처럼 뭉쳐 다리에 매달아 집으로 돌아간다. 많게는 하루에 3천 송이나 되는 꽃을 찾아다닌다고 하니 벌의 하루가 고달프겠다. 내가 비켜준 건 그 쪼그만 벌이 무서워서가 아니다. 한 아름 피어있는 국화꽃밭에서 넉넉하게 식사했으면, 오늘 하루만이라도 그 많은 꽃을 찾아다니지 않아도 되었으면 하는 마음에서다. 벌이 오게 하려고 꽃을 심는다, 잡초를 베지 않는다, 수선을 떨며 지난 1년을 얼마나 공을 들였는데. 나는 나중에, 천천히 음미해도 된다.

점점 깊어 가는 가을, 강가 풀들은 군데군데 초록이 그 빛을 다 잃지는 않았지만, 얼핏 보면 누르스름하다. 누르스름하게 보이는 풀은 바싹 말라서 만지면 곧 바스락 소리를 내며 부서질 것 같다. 나는 이상하게 이 메마른 색깔에 끌렸다. 황금색이어서 그런가, 얼토당토않은 추측도 해보았지만, 무의식에서 일어나는 조화를 알 길이 없었다. 그런데 이 색깔은 시골 색깔이었다. 얼마 전에야 연결할 수 있었다. 그야말로 '불현듯'. 도시에서 나고 자란 내가 어떻게 추수가 끝난 가을 들판 색과 연결 지을 수 있었겠나. 모르는 게 당연한 일이었다. 수도 없이 지나친 가을 들판을 보고도 눈치챌 수 없었다. 또한 아주 잠깐 살았던 초가집을 어떻게 떠올릴 수 있었겠나. 민속촌에서나 볼 법한 초가집을 떠올리지 못한 건 당연하고도 당연한 일이었다.

길게 자란 강가 풀들이 누렇게 눕는 11월 초쯤이었다. 볼 것도 없는데, 자꾸만 마음이 향하니 내가 이상한 사람이다, 생각하다 문득 그게 외할머니 살던 시골 기억이란 걸 떠올렸다. 바람에 스치듯 날려오는 마른 풀냄새 역시 외할머니와 지낸 추억을 떠올린 것이었다. 맏이로 태어난 나는 아주 어릴 적부터 동생이 태어날 때마다 상북 바글 만디(밝은 언덕)에 사는 외할머니에게 보내졌다. 너무 어릴 때라 조각은 그림으로 완성되지 못했다. 흩어진 기억은 어떤 때는 냄새로, 어떤 때는 색깔로 떠돌다 가끔 알지 못하는 향수에 젖게 했다. 아귀를 맞추지 못하지만, 근원을 알 수 없는 향수가 다름이 아닌 외할머니 흔적이라는 걸 알게 된 후에는 내가 낯설지 않았다. 일 년 중 화사하지도 않고 생명조차 스러져 가는 휑한 가을의 누런색과 마른 풀냄새가 제일 좋은 나를 받아들이기 어려웠는데 이젠 마음 놓고 이 계절과 이 들녘의 색깔과 냄새를 좋아할 수 있다.

가을이 깊어 가면 외출하고 돌아오는 마음이 바쁘다. 하늘이 한 움큼밖에 남지 않은 햇살을 거두어들이기 시작한다. 버스에서 내리면 나도 모르게 잰걸음이 된다. 동네로 들어가는 다리를 건너다 강물에 반사되어 금빛으로 물든 풀을 본다. 분명 냄새를 맡을 수 없을 만큼 먼 거리인데 코끝에서 마른 풀 냄새가 나는 듯하다. 느린 물살에 흔들리는 풀이 만드는 한가한 풍경에 급한 걸음을 늦춘다. 강물인지, 풀인지, 분간하기 어렵게 어지러이 찰랑거리는 빛을 따라간다. 외할머니. 되찾은 기억 끝에 외할머니가 있다. 열려 있는 사립문, 흙마당, 키 작은 내가 발돋움해야 오를 수 있는 마루, 할머니 고무신이 놓인 섬돌, 어린 내 몸뚱이보다 큰 솥이 있는 턱 높은 부엌, 거기 어딘가에 있을 외할머니. 두리번거리는 나를 내려다보는 엷은 미소를 발견한다. 어린 나는 웃으며 외할머니 품에 안긴다.

내가 학교에 다니기 시작할 무렵이었다. 치매에 걸린 외할머니가 몇 달 동안 우리 집에 있었다. 부엌 위 다락방이 딸린 단칸방에 살아서 불편하기는커녕 외할머니가 있어서 좋았다. 그 몇 달이 어머니에게는 아픈 날들이었겠지만 내게는 가슴 따뜻해지는 소중한 추억이다. 금방 갈아입은 옷에 똥을 싸도, 똥을 벽에다 칠해도, 똥을 묻힌 채 밖으로 나올까 봐 방문 고리를 걸어 잠그고 엄마를 찾았으면서도 어린 나는 외할머니가 좋았다. 외할머니가 나를 돌봤다는 걸 그때는 몰랐다. 몰랐을 때도 외할머니가 좋았다. 무섭고 정 주지 않는 친할머니보다 보일락말락 미소를 띤 외할머니가 백배 좋았다.

여름날 아버지가 나를 꼼짝도 못 하게 안고 내가 울든 말든 머리에 난 종기를 인정사정없이 짜는 모습을 안쓰럽게 지켜 보던 외할머니. 오랜 씨름 끝에 아버지 품에서 풀려나 서럽게 우는 나를 가느다란 팔로 안고 다독여 준 외할머니가 좋았다. 동생들은 떠올리지 못하는 외할머니 모습을 그리워하는 이유는 우리 집에서 모신 몇 달간의 기억 때문이라고만 생각했다. 하지만 의식 표면에서는 사라졌어도 외할머니가 극진한 사랑으로 나를 돌봤음을 무의식이 잊지 않고 있었던 때문이었다. 동생들이 생겨서 일찍 커야 했지만 그 시절의 나 역시 돌봄이 필요한 어린아이였음을, 어머니가 해주지 못한 일을 대신 해준 외할머니에 대한 고마움을 간직하고 있었기 때문이었다.

가을이면 촌락 여기저기 햇살 받아 빛나는 감색도 아니고, 쏴 소리를 내며 김이 빠져나오는 밥솥에서 풍기는 구수한 밥 냄새도 아닌, 왜 누런 색깔의 마른 풀냄새였을까. 혼자 외할머니댁에 남겨졌던 어린 꼬마의 서러움이었을까. 홀로 사는 외할머니에게서 알아버린 외로움의 색깔이고 냄새였을까. 어쩌면 농사를 끝낸 들녘에서 동리 사람들과 잔치를 벌였는데, 그 즐거운 기억은 사라지고 냄새와 색깔만 남은 건지도 모르겠다. 하루 종일 할머니를 졸졸 따라다니던 내가 쓰러지듯 잠든 초가집 아랫목, 바닥과 벽지는 물론이고 등잔불까지 다 누런 색이던 그 방이, 그 누런 색이 가슴에 새겨진 건 아닐까. 또 방에 널어놓거나 대들보에 걸어놓은 무청 말라가는 냄새가 나도 모르게 향수에 젖어들게 한 건 아닐까. 그때 나를 감싸던 따뜻한 느낌이, 오래된 집이 준 끝없는 베풂이, 색깔과 냄새로만 남은 건 아닐까. 무엇이 진실인지 알 길 없다. 오래전 돌아가신 외할머니는 알까. 세월이 더 흘러 알 수 없는 힘으로, 혹은 지난번 냄새와 색깔이 그랬던 것처럼 무의식에 묻혀 있던 기억이 툭 되살아나 남은 조각이 맞춰질지도 모른다.

겨울이 되면서 떨어진 이파리 따라 냄새도 사라졌다. 생명의 흔적은 없지만, 그렇다고 죽은 건 아니면서 마치 죽은 듯 멈추었다. 그렇게 한껏 움츠렸던 겨울이 이제 끝나려는지 겨울눈에서 싹이 하나둘 피어났다. 어제도 문득 한 냄새에 걸음을 멈추었다. 동네에서 공원으로 내려가는 작은 비탈길이었다. 뒷걸음질 쳐서 갔다가 천천히 되돌아가기를 몇 번 했지만, 또 바람과 하는 술래잡기처럼 잡을 길 없었다. 공방으로 지어놓았으나 사람의 발길이 거의 없는 천막 근처에서 흔적이 사라졌다. 자신을 드러내지 않는 무언가를 찾는다고 두리번거리는 모습이라니. 그런 내가 우스워서 그만두려는 순간 냄새가 몰려왔다. 공방 아래 매화나무였다. 그뿐이 아니었다. 매화나무가 도로를 따라 늘어서 있었고 하얀 꽃이 가득 달려 있었다. 언제 이렇게 피었나. 오가면서 전혀 알아차리지 못했다. 한꺼번에 기쁨을 주려고 이제껏 숨죽여 있었나. 겨우내 숨었던 생명이 여봐란듯이 고개를 들기 시작한다. 이제 곧 노란 수선화가 피어나고, 산수유가 점점이 노란 꽃을 피우겠다. 밤하늘을 연한 분홍으로 밝힐 벚꽃도 피어나겠다. 백화등이 하얀 입을 벌리겠다. 곧이어 봄 향기가 활짝 피어나겠다. 냄새의 향연이 벌어지겠다.

III

발가락

 반찬거리를 사려고 간 마트에서 '블랙데이'라고 큼지막하게 플래카드를 붙여놓고 할인행사를 했다. 보통 때 같으면 요모조모 따져보기라도 했을 텐데. 2개 사면 1개 공짜, 1개 사면 1개가 덤, 오늘만 반값, 이런 광고에 다른 사람이 먼저 가져가 버릴까, 지금 필요한 건지, 가격이 정말 싼 건지, 따져보지도 않고 주워 담았다. 나 같은 사람이 마트를 꽉 채우고 있었다. 라면, 만두, 얼갈이배추, 오이, 호박, 갈치, 전복, 오징어, 돼지고기, 달걀…, 종이상자에 가득 담긴 물건들. 쓸모없이 산 건 없지만 이만큼이나 필요했나? 인쇄된 영수증이 한 다발이다. 영수증을 받아 들고 북적이는 마트를 나오면서 며칠 전 전시장에서 본 작품이 떠올랐다.
 전시장 바닥에는 하늘색으로 칠을 한 더미가 여기저기 놓여있었다. 동글동글한 게 얼마나 앙증맞고 사랑스러웠는지 모른다. 하늘에 떠가는 구름 조각을 떼 왔나, 솜사탕을 크게 만들어 갖다 놓았나, 꺼지지 않는 비누 거품인가, 이런 착각에 빠지고 싶을 만큼. 근처에 초등학교부터 예술고등학교까지 있어 학생들을 대상으로 하는 전시회이겠거니 짐작했다. 아이들을 대상으로 한 전시회니 더 볼 것까지 없을 것 같아 멀찍이 서서 보다가 가려고 했다. 하지만 하늘과 구름을 닮은 색과 아기자기한 모양이 발걸음을 자꾸만 전시장 안으로 끌어당겼다. 더미 사이를 걸으니, 마치 구름 속을 걷는 듯했다. 보는 눈만 없다면, 그리고 전시장 곳곳에 세워놓은 전시품에 손대지 마시오, 이런 문구만 없다면 둥그스름한 그 물건을 조물락거려도 보고 손바닥으로 슬쩍 쓸어보았을지도 모른다.

멀찍이서 볼 때는 몰랐는데 더미 밖으로 뭔가 뾰족이 나온 게 있었다. 동글하게 만들기가 어려웠나, 실수로 그랬나, 웃음이 가신다. 하나가 나온 것도 있고, 두 개가 나온 것도 있었다. 좋지 않은 시력으로 목을 쭉 빼고 미간까지 모아 뚫어지게 쳐다보고서야 정체를 알아냈다. 발가락이었다. 지나쳐 온 더미들을 다시 보니 발가락이 더미의 이쪽 혹은 저쪽에 튀어나와 있었다. 그러니까 하늘색을 닮은 몽글몽글한 더미 속에 사람이 갇혀 있는 것이었다. 발가락만 겨우 나와 있어 미처 알아보지 못했다. 삐죽 나온 발가락이 아니었으면 그 속에 사람이 있다는 걸 눈치채지 못할 뻔 했다.

잠식되었구나. 구름 같기도 하고 거품 같기도 솜사탕 같기도 했던 건 그러니까 환상이었다. 하늘색을 닮은 신비로움에 현혹되었을까. 솜사탕 같은 달콤함에 속았을까. 발가락을 뻗치려고 안간힘을 쓰고 있는 걸 보니 가짜인 줄은 알아차린 건데 왜 빠져나오지 못한 걸까. 더미를 터트리고, 발가락을 쓰다듬어 주고 싶은 강력한 욕구를 느끼며 전시장을 나왔다. 작품에서 받은 충격이 커서인지 형상이 좀처럼 잊히지 않았다. 더미 밖으로 뻗치던 발가락이 자꾸만 떠올랐다. 그는 무엇에 잠식되어 얼굴도 나오지 못하고 목소리조차 내지 못했던 걸까. 더미는 얼마나 강력하길래 안간힘을 쓰는 그를 붙잡아 둘 수 있었을까.

그런데 조형물 속 갇힌 그 사람이 바로 나였다. 마트에서 이걸 사면 횡재한다는 달콤한 속삭임에 정신없이 주워 담는, 그래 놓고도 스스로 선택한 줄로 착각하는 사람. 눈앞의 현상에 속아 무엇이 참인지 거짓인지 구분하지 못하는 사람. 알지 못하면서, 알지 못하는 줄도 모르는 사람. 그 사람이 나이다. 그러니 그날 본 작품, 더미 속에 잠식되어 있던 사람이 바로 나인 것이다. 강력한 주문에 걸려 꼭두각시처럼 움직이는 자신을 스스로 살아간다고 착각하고 있었다. 그 말을 하고 싶었나 보다. 너 자신을 먼저 알라. 그러고 보니 그렇다. 내가 아는 건 무엇인가. 내가 누구인지는 아는가. 매일 달라지는 이 몸이 내가 아니고, 시시각각 바뀌는 생각이 내가 아니고, 때와 장소에 따라 다르게 나타나는 성격이 내가 아니고, 상황에 따라 바꾸어 쓰는 가면이 내가 아니고, 지금까지 해놓은 일이 내가 아니면, 그럼 나는 무엇인가. 나는 누구인가.

채소를 냉장고에 넣고 갈치를 씻고, 전복을 다듬는다. 오늘따라 전복이 싱싱하다. 솔질할 때마다 꿈틀거린다. 어제까지만 해도 이놈, 싱싱하네, 라는 생각을 했을 텐데 이 싱싱한 전복에게 어떻게 칼질을 하나, 솔질하는 내내 그게 걱정이다. 어쩔 수 없다. 전복을 냉장고에 넣고 자연사하기를 기다리는 수밖에. 전복은 나와 다른 생명일까. 내가 살기 위해서는 다른 생명을 취할 수밖에 없다는 사실이 오늘따라 불편하다. 불편해서 이런 생각을 하게 된다. 수십 억 년 전 지구가 생겨나고 또 무수한 시간이 지나 생명체 하나가 출현해서 그로부터 생명이 시작되었다면, 지구 모든 생명체의 어머니는 그 하나이다. 그러니 지구 모든 생명체는 내 형제이고 따라서 전복은 내 형제가 아닐까. 지구 생명체의 유전

자는 4개의 분자로 이루어졌다니, 그 4개를 어떻게 배열하느냐에 따라 전복으로 인간으로 달라질 뿐이니 전복이 내 형제인 게 확실하다.

나는 전복이나 문어, 바지락 같은 해산물을 넣고 푹 끓여 소금 간을 하고 채소를 넣어 살짝 익힌 국을 자주 먹는다. 상추와 오이도 즐겨 먹는 채소다. 오늘 먹은 전복이 몸에 들어오면 전복은 몸 안에서 잘 소화되어 내 몸의 일부가 된다. 상추와 오이도 마찬가지다. 그리하여 내 형제가 내 일부가 된다. 소화까지 잘했으니 배설할 일만 남았다. 배설물도 내 일부일까. 아니라고 하기엔 따끈한 온도가 금방까지 내게 속했던 것임을 증명하고, 맞는다고 하기엔 몸 바깥에 부려놓아 쳐다보고 싶지 않은 이물질이다. 하지만 인정하고 싶진 않지만, 이거 누가 쌌냐고, 누구 거냐고 물으면 저요, 라고 대답하는 수밖에 도리가 없다. 그러니 내가 책임져야 하는 내 것임이 틀림없다. 이렇게 된 바에는 내가 누구이건, 무엇이건 나를 둘러싼 모든 게, 나와 관계 맺는 모든 게 나라고 생각하기로 한다. 모든 걸 받아들일 수 있을 것만 같고 모두를 사랑하는 마음이 생겨난다.

그러나 현관문을 여는 순간, 잔디에 똥을 싸놓은 길고양이에게 분노가 치밀어오른다. 30분 만에 오는 마을버스를 간발의 차이로 놓친 날, 기다려 주지 않은 버스 기사가 밉다. 내 월급만 빼고 다 오르는 세상에 욕지거리가 튀어나온다. 나는 그런 사람이다. 순간의 분노에 잠식되는. 전시장 조형물 속 갇힌 사람은 나가려고 발가락이라도 뻗쳤지만, 나는 갇혀 허우적대고 있으니 하나 나을 게 없는 사람이다. 어리석은, 이런 내가 나 자신을 제대로 알 수 있을까.

어린 학생들을 위한 작품이라 지레짐작해서 작가 이름도 작품 제목도 눈여겨보지 않았다. 이런 나를 책망하며 작품을 다시 보기 위해 전시장을 찾았지만, 전시회는 이미 끝이 나고 다른 전시회가 열리고 있었다. 발걸음을 돌리지 못하고 한동안 전시장 주변을 서성거렸다. 또 겉모습만 보고 진짜를 알아보지 못했구나. 뒤늦은 알아차림이다. 작품으로 보여준 작가의 물음이 머리를, 가슴을 자꾸만 두들겨댄다. 하지만 또 어쩌랴. 이렇게밖에 알아차리지 못하는 걸. 이렇게 뒤늦게라도 알아차리자. 매번 한발 늦게 알아차리지만 그럼에도 불구하고. 더미 속 발가락을 떠올려본다. 더미 속 발가락이 되어 더미를 밀어본다, 더 세게, 더 힘껏. 신발 속 발가락이 꼼지락거린다.

거울 앞에서

고작 발만 담갔을 뿐인데 따뜻함이 무릎으로, 손가락 끝으로, 목덜미로 전해진다. 무엇이 있어 짧은 시간에 이만한 달콤함을 줄 수 있을까. 탕에 몸을 담그면 그 순간만큼은 세상을 다 가진 듯, 아무 바람이 없어진다. 목욕이 좋아지니 나이가 들었나 보다. 명절 끝에 찾은 목욕탕은 거칠어진 마음과 지친 몸에 위로를 건넨다. 뜨거운 온도에 익숙해진 몸을 물속 깊이 담그며 눈을 감는다. 사람이 북적거리지 않는 이른 아침, 오래된 목욕탕에서 여유로움과 편안함이 버무려진 나른한 행복을 누린다.

바깥에서 봐도 한눈에 나이를 짐작할 수 있는 우리 동네 목욕탕은 외관부터 허름하고 아주아주 작다. 하지만 다른 데 절반에도 못 미치는 값싼 요금 덕에 작고 낡았음에도 지금껏 유지될 수 있었다. 그래서 늘 사람이 많았고 물은 깨끗하지 않았다. 그런데도 이 목욕탕에 다니는 건 남편 말마따나 좀 낡았어도 저렴한데다 오가는데 시간이 얼마 걸리지 않아서이다. 마지못해 남편 따라다니다가 깨끗한 물에서 조용하고 상쾌하게 목욕할 수 있는 적당한 때를 찾았다. 우리가 즐겨 찾는 때는 목요일이나 금요일 이른 아침. 오늘은 예외다. 고된 명절을 보낸 뒤에 하는 목욕은 꿀맛이니까.

동네 어른들 사이에서 나는 새댁이다. 목욕탕에 가도 그렇다. 엉거주춤한 자세, 한때 꽉 채웠던 팽팽함을 지키지 못하는 피부, 어깻죽지에서부터 힘 있게 허공을 가르던 날렵함을 잊은 팔, 마지못해 끌려가는 듯 의지가 부족한 다리. 오늘도 늙은 몸을 만난다. 그들 사이에서 나는 눈에 띄는 존재다. 성큼성큼 나아가는 팔다리, 윤기 있는 머릿결. 비누질하는 손길이 닿은 피부는 노랗게 빛나는 전등 아래에서도 주눅 들지 않는다. 가끔 그런 나를 지그시 쳐다보는 눈길을 느낀다.

거울 앞, 낡은 목욕탕에서 느릿느릿 움직이는 늙은 몸을 보고 온 날이면 거울 앞에 있는 시간이 더 길어진다. 젊음을 어디까지 지키고 있나 확인하기 위해서. 실은 늙어감이 어디까지 쳐들어왔는지 보려는지도 모른다. 아, 눈 밑이 더 처졌다. 주름은 더 깊어지고. 피부는 지난번보다 탄력을 잃었고,

띄엄띄엄 보이던 흰 머리칼이 부쩍 늘었다. 옷 사이로 드러난 팔과 다리는 근육이 빠져나가 울퉁불퉁하고 퍼석하다. 목욕탕에서 본, 구부정한 몸에서 일어나는 일이 지금 내 몸에서도 일어나고 있다. 그 몸이 내 몸이다. 나도 늙고 있다. 내 바람보다 훨씬 빠른 속도로, 가차 없이. 한때 세월을 풍미했으나 이제는 따라잡지 못하는 몸이 되었다.

이럴 줄 몰랐다. 목욕탕을 다녀올 때마다 거울 앞에 앉아서 몸 구석구석을 비춰보며 한숨지을 줄 몰랐다. 이렇게나 빨리, 이렇게까지 적나라하게 늙음이 찾아올 줄 몰랐기 때문이다. 내게만은 늙음이 비켜 가리라, 그런 터무니 없는 생각을 한 건 아니지만 얼굴에도, 목에도, 손까지, 얄미운 주름은 예외를 두지 않는다. 영 낯설고 어쩐지 남 같은데 내 마음 따위는 아랑곳없이 눈에 띄는 곳에 자리 잡고는 점점 영역을 넓혀가고 있다. 그러니 꿈 깨라고, 목욕탕에서 본 그 몸이 곧 내 몸이 되리라고, 아직 몸에 묶여 있는 나를, 목욕탕만 다녀오면 손톱만큼 남은 젊음에 취한 나를 흔들어댄다.

그때 갔어야 했다. 지난봄 오랜만에 만난 지인이 나를 마주 보고 생글거리며 자꾸만 이마를 들이밀었다. 왜 그러는가, 마주 쳐다보다 양미간이 도톰하니 예뻐졌다는 걸 알아차렸다. 미간 사이 길게 난 주름이 감쪽같이 사라졌다. 거기가 어

거울 앞에서   145

던지, 가격은 얼만지 물어놨다. 생신이 다된 어머니 선물로 좋겠다, 같이 가면 되겠네, 생각했지만 그 일은 성사되지 않았다. 한번 편 주름이 평생 펴진 채 있지도 않을 테고, 얼마 안 가 다시 주름이 생기면 그때 상실감이 더 클지도 모를 일이다. 어머니는 그렇게 답하며 거절했다. 그래도 좀 아쉬웠다. 한번 가볼 걸 그랬나. 이런 생각이 든다. 목욕을 다녀온 날이면 더, 그때 그냥 갈 걸 그랬다고, 시큰둥했던 어머니와 다르게 나는 미련이 남는다.

온탕에 있던 그녀는 문을 열고 들어서는 친구를 반갑게 맞는다. 친구 옆으로 가고 싶은 마음만 클 뿐 행동이 따르지 않는 그녀들은 탕의 이쪽과 저쪽에서 주거니 받거니 이야기를 나눈다. 한쪽에서는 명절에 손님을 치고도 벗을 청하고, 다른 쪽에서는 그 청을 거절한다. 마침내 만난 늙은 몸은 서로의 등을 밀어준다. 주름진 서로의 몸을 어루만져 준다. 몸이 주름지는 동안 주름에 새겨졌을 사건과 기억을 그녀들은 얼마나 공유했던 것일까. 몇 마디 말로도 그간의 사정을 짐작하며 벗을 청하고, 그 청을 거절하는 그녀들을 보면서 서로의 마음을 보듬는 손길을 본다. 그랬구나, 내가. 주름이 만들어지는 동안 새겨졌을 수많은 기억을 잊고 있었다. 깊어지는 주름을 없애고 싶은 욕망으로 주름에 새긴 기억조차 버릴 뻔했다.

언젠가부터 성인이 된 아이들에게 명절이 되면 명절과 관련된 가족 이야기를 나누고, 할아버지 제삿날에는 할아버지 생전 모습을, 할머니 생신 때에는 아이들 기억에는 없는 할머니의 젊은 날을 들려준다. 이렇게 우리의, 가족의 역사를 전한다. 우리의 주름진 시간에서 이야깃거리를 꺼낸다. 내가 전해준 이야기는 언젠가 '너희 할아버지, 할머니는'이나 '옛날에는'으로 시작하는 이야기로 이어질 테다. 그러니 주름은 몸에 패인 굴곡 그 이상의 존재이다. 주름 하나마다 기억이 새겨져 있으며, 몸은 주름으로 기억을 보존한다. 우리가 몸에 새겨진 주름을 받아들일 수 있는 건 주름에 새겨진 기억, 살아온 날들 때문이다. 뜨겁게 사랑하고, 아프게 이별했던 이야기. 돌봄을 받던 사람이 돌보는 사람이 되면서 겪은 이야기. 아이가 어른이 되어가던 이야기. 맨몸으로 세상을 만나던 이야기. 그 실패들. 실패임에도 아름다운 기억들과 여전히 아픔으로 남은 이야기들.

  늙은 그녀들은 열탕으로 갔다가 냉탕으로 향한다. 무어라 한참을 정겹게 이야기 나누는 얼굴은 중력을 이기지 못한다. 즐거운 이야기에도, 서운한 이야기에도 한 가지 표정밖에 지어지지 않는 그녀들도 한때 이야기에 걸맞은 표정을 지을 줄 알았다. 옛날의 표정이, 그 화사하고 다채롭고 신비롭기도 했던 감정이 이마에 깊게 팬 주름에, 입가의 잔주름에, 눈가의 저 자글자글한 주름 아래에 감추어져 있다. 주름은 그녀들이 건너온 세월이고 내가 건너갈 시간이다.

그녀들의 주름을 본다. 눈 밑에 있는 잔주름은 작은 일에도 웃음 지어 마음 편안케 노력한 사람임을 알게 한다. 미간 사이 깊은 주름은 그가 맡아야 했던 책임의 깊이를, 입가에 패인 주름은 무릎 꺾는 시련에도 입 앙다물고 살아낸 사람임을 짐작하게 한다. 얼굴에 새겨진 주름에서, 몸에 박인 주름으로 그의 삶을 떠올린다. 지금 거울 너머로 만나는 이 주름은 남과 다른 삶을 의미하며 남다른 차이와 깊이를 뜻하는 것이니 그렇다면 기뻐할 일이 아닌가. 오늘 마주했던 그녀들과 나의 다른 생김새만큼이나 다른 이 주름은 축하해야 할 존재이다. 주름은 오롯이 존재하는 나만의 박물관이며 역사이며 수십 년에 걸쳐 이루어진 조각품이다. 이 천연의 새김은 경배 받아 마땅하다.

주름졌다고 한숨 쉬었던 내 손과는 비교되지 않을 굵고 깊은 주름이 박인 어머니의 손을 만져본다. 쭈글쭈글하고 굵게 마디진 손. 물건을 움켜쥐지 못하고 곧 떨어뜨릴 것만 같은 손은 재봉틀을 힘차게 돌리던 젊은 손을 떠올리게 한다. 돋보기 끼고도 바늘에 실을 꿰지 못하는 그 손은 바늘귀를 끼우던 재빠르고 정확한 시절과 겹쳐 보인다. 도시락 예닐곱 개를 싸던 아침으로 데려다 놓는다. 부엌에서 혼자 보낸 세월을 떠올리게 한다. 부지런한 손은 잠자리에서나 쉬었을 터이다. 자는 동안에도 자식들이 차 버린 이불 끌어 올려주는 일을 했을지도 모른다. 어머니는 알았던 모양이다. 주름은 당신 자녀들을 키워낸, 힘든 세월을 살아낸 훈장임을. 어쩌면 어머니는 당신 손을 쓰다듬으며 자랑스러워하고 있을지 모르겠다. 그것도 모르고 선물이랍시고 훈장을 뺏으려고 했다. 기억이 사라지기 전에 어머니 주름을 들여다보고 하나씩 추억하는 게 더 어머니를 위하는 일이겠다. 이제 어머니와 결이 다르고 누구와도 같지 않은 내 주름에도 반가운 인사를 건네기로 한다.

고동색 스웨터

　신랑 될 사람이 왔단다. 영자 씨 가슴에서 쿵, 소리가 났다. 상엽 씨는 인편으로 사성四星을 보내는 대신 첫선을 겸해 먼 길을 직접 달려왔다. 부엌에 있던 영자 씨는 늦은 저녁 상을 내어주면서 자기가 나가겠다고 하지 못했다. 상을 들이고 어머니는 점잖은 사람이더라는 말을 건넸다. 영자 씨 얼굴이 붉어졌다. 다 먹은 밥상이 나오고, 방을 닦는다, 다시 상을 내간다, 수선을 떨더니 종이가 펼쳐지고, 먹이 갈렸다. 처가 어른들이 지켜보는 데서 상엽 씨는 자신의 사주단자를 썼다. 그 방은 영자 씨가 숨죽여 앉은 데서 벽이 가로막혀 있고, 방이 몇 칸 떨어져 있는데도 눈에 선히 보이는 듯했다. 신랑감이 가고 난 아침, 할머니는 글씨가 참하고, 얼굴은 더 참하다, 했다. 아버지는 싱글벙글해서 집안을 돌아다녔다. 집안

식구들 다 본 얼굴을 영자 씨만 못 보고 그해 겨울, 집 마당에서 혼례를 올렸다. 다음 해 첫딸을 낳았다. 나였다.

얼굴도 못 보고 결혼했다지만, 두 사람 사이는 각별했다. 영자 씨는 자주 그 시절을 들려주었다. 영자 씨에게 상엽 씨는 호랑이 같은 시어머니를 견디게 해주는 존재였다. 퇴근해 오면 부끄러워서 고개도 못 드는 새색시 손을 잡아 주고 작은 일도 함께 의논하며 어디를 가든지 함께 다녔다. 치매로 고생하다 가신 친정어머니가 가여워 한밤중에 울고 있는 영자 씨 등을 말없이 토닥여 주고, "여자가 발이 왜 그렇게 커?"하면 "발이 크면 잘 안 넘어져서 좋지!" 편들어 주는, 그런 사람이었다. 영자 씨는 상엽 씨가 자랑스러웠고 세상 누구도 부럽지 않았다고 했다.

그랬던 상엽 씨는 결혼한 지 서른다섯 해 만에 세상을 떠났다. 영자 씨가 환갑이 되기 전이었다. 아이들 뒷바라지도 끝나가니 어려웠던 시절 얘기하며 함께 늙어갈 수 있겠다 싶었는데, 그게 그렇게 어려운 소망인가. 무심한 하늘에 대고 몇 번이고 탓을 했는지 모른다. 그래도 일찍 떠난 상엽 씨를 원망할 순 없었다. 평생 가족을 위해 헌신한 가장이었다. 아침에 일어나면 따뜻한 물 받아 아이들 먼저 씻기고, 퇴근길에 붕어빵 들고 오는 다정한 아버지였다. 그러면서 자기 옷 하나

선뜻 사지 못하는 사람이었다.

때 이른 이별 후 영자 씨는 자신을 겨울에 가두었다. 아직 환갑에 이르지 않은 친구들은 꽃무늬가 그려진 화사한 옷을 입고 꽃구경을 가고 단풍구경을 갔다. 친구들은 다리가 성할 때 다녀야 한다고, 인생의 가을을 붙잡아 놓으려고 안간힘을 쓰던 때였다. 상엽 씨가 살아있었다면 영자 씨도 그랬을 것이다. 남편이 찍어주는 사진 속에서 환하게 웃으며, 좋아하는 붉은 색 옷을 입고서. 영자 씨는 까치와 까마귀의 밥이 된 남편을 생각하면 겨울에서 한 걸음도 나올 수 없었다. 오직 겨울만 존재했다. 마음을 일찍 겨울에 가두어 몸에도 일찍 겨울이 왔다.

영자 씨는 아무리 낯선 곳을 가도 사람을 잘 사귀었다. 남편이 기다리고 있는 줄 알면서도 집만 나서면 해가 꼴딱 넘어가고 골목이 어두컴컴해져도 감감무소식이었다. 마음 좋은 상엽 씨도 "나가면 들어올 줄을 모르네."라고 할 정도였다. 그렇게 사교성 좋던 사람이 밖에 나가는 게 어색해지고 표정은 굳어졌다. 타인과의 대화는 부자연스러웠고 짜증 섞인 말이 많아졌다. 자신은 알아차리지 못했으나 성격도 바뀌는 듯했다.

상엽 씨를 보내고 자주 맞는 불면의 밤, 습관처럼 옷장 서랍을 열었다. 두툼하고 묵직한 스웨터. 남편을 보낼 수 없었던 영자 씨는 상엽 씨 손수건 한 장도 버리지 않았다. 그래서 집 안팎에서 곁에 있는 듯 상엽 씨 흔적을 만나곤 했다. 스웨터도 그랬다. 아이들 짜 주고 남은 실로 밤늦도록 텔레비전을 보거나 서예를 하는 남편을 위해 짠 스웨터였다. 보라색 실과 집에 있던 자투리 실을 섞은 스웨터는 여러 색을 섞었는데도 보라색이 두드러졌다. 흔하지 않은 색이고 다른 색실과 어울리지 않았지만 있는 실로 하다 보니 그렇게 되었다. 입고 벗기 편하게 목둘레는 브이 자로 하고 앞판에는 마름모꼴이 이어지게 짜넣었다. 처음 입은 날, 남편은 등이 따뜻하다고 아이같이 좋아했다. 어울리지 않는 색깔이라든가, 무늬가 너무 단조롭다든가, 이제야 내 것 하나 만들어 주나 하는 말도 없었다.

그녀는 부산진시장에 가서 가장 따뜻한 실을 달라고 했다. 주인은 고동색을 내주었다. 보라색 스웨터와 고동색 스웨터를 남편은 겨우내 입었다. 그 따뜻한 옷을 입고 등을 약간 구부린 채 코끝에 돋보기를 걸치고는 신문을 읽고 글씨를 썼다. 고동색 스웨터를 입은 영자 씨는 남편처럼 앉았다. 서랍을 살피는 눈에 남편이 신던 양말이 잡혔다. 새 양말이었다. 큰 그녀 발에 얼추 맞았다. 남편이 입던 내복도 입어보았다. 큰 듯하지만, 속에 입는 옷인데 뭐 어떤가. 처음엔 남편 생각하며 입어본 것인데, 영자 씨의 옷이 되어버렸다. 20도를 웃도는 기온이라고 남들은 따뜻한 날씨라고들 할 때도 손발이 시리고 등이 오므려졌는데 남편 옷을 입은 뒤부터는 조금도 춥지 않았다.

　얼마의 세월을 그렇게 지냈는지 그녀는 알지 못했다. 아주 오랜만에 거울을 마주했다. 남편의 고동색 스웨터, 나이보다 주름진 얼굴, 슬픈 표정. 오랜만에 마주한 모습이 어색해 웃음을 지었다. 입은 웃고 있는데 눈에는 슬픔이 어려있었다. 그제야 알아차렸다. 자신이 아주 이른 때에 겨울을 불러들였고 오랜 시간 겨울 속에서 살아왔다는 사실을. 이젠 더 이상 겨울 속에 있을 필요가 없다는 사실도. 긴 세월을 함께한 스웨터를 본다. 소매 끝이 낡기 시작했다. 혼자가 아니였네예. 당신이 옆에 있었네예. 상엽 씨가 늘 짓던, 싱긋이 웃는 모습을 본 듯했다. 그래도 이 스웨터는 계속 입을게예. 영자 씨는 그렇게 10년이 훌쩍 넘은 애도를 끝냈다. 친구들 성화에 못 이기는 척 여행을 갔다. 여행 가서 마음껏 먹고 웃었다. 큰맘 먹고 자식들 선물도 샀다. 봄도 여름도 가을도 즐겼다. 남편 제사상 앞에서 짓던 눈물도 그쳤다. 제사상을 앞에 두고, 이제 당신도 마음 편하지예, 물었다.

세상을 마주한 영자 씨 눈에 들어온 건 자신이 떠나온 겨울에 이른 친구들 모습이었다. 거동이 불편해서 외출 못 하는 친구. 걷지 못하니 죽을 날 받아놓은 게 아니냐 하소연하는 친구. 의사소통조차 어려운 상황에 놓여 연락이 끊어진 친구. 겨울 속에 사는 친구들. 그랬다. 자신의 나이가, 몸이 그렇게 되었다. 그녀가 떨쳐낸 겨울이 턱밑에서 아가리를 벌리고 있었다. 그녀는 떠나온 그곳으로 당분간은 다시 돌아갈 마음이 없다. 그래서 그녀는 오늘도 만 보를 걷는다. 딸들 성화에도 아랑곳하지 않고 고동색 스웨터를 입고 하품 참으며 쌀이 가득 든 페트병을 들어 올린다. 하나, 둘, 셋.

　하지만 언젠가는 죽는다는 걸 안다. 사람이 태어나 가는 건 당연한 이치다. 이제는 어떻게 생을 이별할지 더 많이 생각하는 영자 씨다. 자녀들에게 못한 말이 없게 살아있을 때 고맙다는 말, 잘했다는 말, 아끼지 말고 해야지. 빚이 없도록 받지만 말고 주기도 해야겠다. 쌓아놓으면 똥이 된다니 여러 개 있으면 나누기도 하고 이참에 물건도 정리하고. 하루를 시작하기 전, 하루를 마감하면서 주문을 외듯 중얼거린다. 상엽 씨 만날 때 부끄럽지 않게 잘 살아야겠다고 마음을 다잡는다. 이런 그녀를 남편은 씩씩하게 잘 살았네, 그동안 고생 많았다, 하며 손 꼭 잡아주리라.

한때 스스로 유폐시켰던 계절, 도망치고 싶었던 계절, 이제 기꺼이 받아들이기로 한 계절, 겨울. 인생의 겨울이다. 계절 끝에는 죽음이 있다. 어느 날 검은 사자가 찾아오더라도 놀라거나 머뭇거리지 않고 웃으며 맞이하기 위해 영자 씨는 오늘도 우아하게 여행할 준비를 한다.

잊히지 않는 얼굴

 검게 탄 얼굴에 꽉 다문 입술, 머리는 헝클어져 있다. 봉두난발, 딱 그 표현이 들어맞는 모습이었다. 조선시대 남자는 상투 머리를 했을 텐데. 개화기 때라 그런 머리를 했나. 조선시대를 다룬 드라마에서 보긴 했어도 설정일 거라고만 생각했다. 되돌아보면 참으로 무지하고 한없이 가벼운 태도였다. 원하지 않아도 어쩔 수 없이 그래야 하는 줄은 몰랐다. 그런 모습이 누군가에게는 한 맺히는 일이었다는 건 꿈에도 몰랐다. 조선시대 그들은 상투 머리를 할 수 없었다. 천한 신분을 드러내기 위해 봉두난발해야 했다. 부릅뜬 눈은 분노로 타오르고 있으나 왠지 모를 슬픔이 배어있었다. 처음 알게 된 진실이었다. 그래서였을까. 여행하던 중에 잠시 들른 데서 만난 그 얼굴이 잊히지 않는다. 진주는 형평운동의 발상지였고 그 100주년을 기념하는 특별전이 박물관에서 열리고 있었다. 내가 본 얼굴은 형평운동이 일어나게 한 바로 그 사람, 백정 얼굴이었다.

게다가 며칠 전 시집에 실린 작가 사진 때문에 더 잊히지 않았다. 머리카락은 사방으로 뻗쳤고 청자켓에 붉은 티셔츠를 받쳐 입었다. 헝클어진 머리는 자유롭게 출렁이는 예술 세계를 표현하는 것 같았다. 칠순이 넘은 시인의 눈썹과 머리에 내려앉은 희끗희끗함을 보며 예술가의 모습이 이렇구나, 감탄했다. 시인은 요즘 말로 개멋졌다. 즐겁게 시인을 떠올렸다. 그런데 시인 얼굴에서 안경을 벗기고, 청자켓에 받쳐입은 붉은 티셔츠 대신에 흰 저고리를 입힌다면, 그렇게 해서 100년 전으로 데려간다면 두 사람은 그다지 다를 바 없다. 그런데 한 사람은 서러움과 분노로 얼룩진 얼굴이고, 다른 사람은 예술가 감성이 한껏 드러난 얼굴이었다.

'양수척은… 즐겨 수초가 자라는 곳을 따라 일정한 거처가 없이 옮겨 다니면서 오직 사냥을 일삼고 버드나무로 만든 유기를 만들어 파는 것으로 생업을 삼았다.' 『고려사』에 처음 나오는 백정의 삶이다. 떠돌아다니는 삶은 농사가 천하 근본인 사회에서 정상으로 받아들여지지 않았다. 그들이 사회에 융화되도록 조선 조정은 당시 군역 의무가 없는 농민을 일컫던

호칭인 '백정'으로 부르게 했다. 사냥해서 우두머리가 고기를 나누어주던 사회에서야 도축이 존중받는 일이겠지만, 조선에서는 천대받는 일이었다. 몸도 마음도 신분제에 묶여있던 그들은 헐벗고 굶주리다 때로 임꺽정 같은 도적이 되기도 했다. 백정은 노비보다 못했다.

1894년 갑오개혁 때 신분제가 폐지되었다. 그럼에도 백정은 여전히 천한 사람이었다. 갓을 쓸 수 없었고, 자식에게까지 신분을 물려주어야 했다. 남녀가 평등하다는 교회에서 나란히 앉을 수 없었고 자녀가 학교에 입학할 때나 서류를 제출할 때 신분을 반드시 표기해야 했다. 1923년 5월 30일 ≪동아일보≫ 기사를 현대식으로 고치면 이런 내용이다.

> 기와집은 꿈도 꿀 수 없었고 명주옷도 입을 수 없었습니다. 갓은 물론 가죽신도 허용되지 않았죠. 봉두난발에 대나무 패랭이 차림으로 다녀야 했으니 눈에 띄게 표가 났습니다. 다른 사람들 앞에선 담배를 피우지도, 술을 마시지도 못했고 무조건 존댓말을 써야 했죠. 죽어서도 상여를 쓸 수 없었고 자녀를 교육시킬 수도 없었습니다. 결혼과 사회생활에도 금기가 많았습니다. 매질 같은 부당한 체형을 당해도 법은 멀리 있을 뿐이었죠.(동아플래시100에서 인용)

견디다 못한 백정이 호소하였고 그에 귀 기울인 이가 있었다. 백정 출신 장지필, 이학찬과 비백정 출신 강상호, 신현수, 천석구 등이 그들이며 그들은 뜻을 모아 '형평운동'을 벌였다.

공평은 사회의 근본이요,
애정은 인류의 본량이라

1923년 4월 25일 형평사가 자신들의 사상을 만천하에 드러낸 발기문 일부다. 형평이란 저울대처럼 평평한 세상을 뜻한다. 얼마나 울분에 찬 표현이며, 얼마나 인간적인 말인가. 손님이 어떤 사람인지 가리지 않고 저울대를 평평하게 하던 백정이었기에 자신들도 평등하게 보아달라는 외침이었다. 곧 전국에서 호응하였고 언론은 우리나라 최초 인권운동을 적극 보도하였다. 한편에서는 사람이 아닌 그들을 사람으로 대접하기를 거부하는 사건도 벌어졌다. 운동이 처음 일어난 진주에서 반대 시위가 일어났고, 형평운동을 지지하는 가게는 불매운동을 당하기도 했다.

분노하던 사람들에 의해 마침내 세상이 바뀌었다. 백정 자손이 어디에서 어떤 삶을 사는지 아무도 알 수 없다. 어떤 서류에도 백정을 표시하는 붉은 점을 찍지 않기 때문이고, 봉두난발하지 않아도 되기 때문이다. 머리를 가지런하게 묶든, 사방으로 뻗치든 각자 취향이다. 자식이 학교도 다닐 수 없어 울분에 찼던 백정 아버지, 이학찬은 부모 신분을 묻지 않는 세상을 보며, 자신이 몸 바친 이 운동이 헛되지 않았음에 눈물을 흘릴 것이다. 백정이면서 이름을 가지고, 갓을 쓰고 도포를 입어 인간으로서 존엄을 되찾기 위해 노력한 사람, 영민한 자식이 의학원에 다닐 수 있도록 청원한 아버지, 박성춘은 기쁨에서 우러나오는 춤을 출 것이다. 수많은 백정의 아들 딸이 의사가 되고, 변호사가 되고, 예술가가 되는 모습을 지켜보며 자신의 힘겨웠던 세월을 보상받을 것이다. 그 자신 백정은 아니었어도, 백정 아이를 양자로 삼아 평등을 실천한 강상호 역시 흐뭇한 웃음 감추지 않을 것이다.

머리 모양 하나도 규범에 묶여 있던 억압의 시대를 온몸으로 항거한 그들이 있어서 자기 머리를 자기 마음대로 하는 시대가 되었다. 멋지게 헝클어질수록 개성 넘치는 사람이라 생각하게 되었다. 억울하고 불평등한 세상을 자식에게 물려줄 수 없던 아버지들 덕분에. 부조리한 세상의 거대한 파도에 맞선 아버지들 덕분에. 자신의 가혹한 운명 앞에서 슬픔과 분노를 삼키던 그 얼굴은 마침내 세상을 바꾼 이의 얼굴이었다. 박물관이 그 얼굴을, 그 기억을 되살린 이유이다.

백정이라는 이유로 봉두난발하지 않고, 백정 자식이라는 이유로 교육받지 못하던 시대는 지나갔다. 그러나 신분제가 사라진 오늘날에도 자식에게 물려줄 세상이 공정하지 못해 눈물짓는 부모가 있다. 서울 모 지역에 장애인 학교를 세우기로 하였는데, 지역 주민들이 학교를 혐오 시설이라 거리낌없이 말하며 짓지 못하게 했다. 장애인의 부모들은 반대하는 지역 주민들에게 무릎을 꿇고 학습할 기회를 달라고 호소하였다. 그러나 학교는 지어지지 못했으며 지금도 장애인의 부모는 세금을 내고 국민으로서 의무를 다하지만 자녀 의 학습권은 온당하게 보장받지 못하고 있다. 어떤 분노는 자신 혹은 자기 무리만의 이익을 주장하는 것임에도 당당하게 드러내고, 역사의 시계를 거꾸로 돌린다. 결국 장애인 학교를 짓지 못하게 한 지역 주민들처럼. 그리고 어떤 분노는 감히 드러내지 못하기도 한다. 죄인도 아닌데 죄인 취급받는 장애인 부모처럼.

 장애인 학교를 짓지 못하게 한 지역 주민은, 아니 우리는 왜 이렇게 당당한가. 그 행위가 당연하다고 생각하는가. 집단이기주의라고만 하기에도 지나치다. 무릎 꿇은 부모를 일으켜 세워주는 이 하나 없고, 손가락질하고 소리 지르고 행패를 부리는 모습이, 때리는 행위만 뺀 깡패짓과 다를 바 없었다. 그런데도 그것을 버젓이 보여주고 그 행동을 꾸짖는 논평 하나 없이 객관성이라는 이름으로 보도만 하는 언론. 그것도 아주 일부 언론에서만. 그것은 부동산이라는 돈이 얽혀 있기 때문이 아닐까. 그 시설이 들어와서 자기 동네의 가치를 떨어뜨릴까, 겁을 내기 때문이다. 신분제를 숭배하던 우리는 이제 돈을 숭배하는 시대를 산다. 내 이익을 위해 공평이나 인류애라는 가치를 내팽개친다. 내 이익을 지켜 주는 행위에 무언으로 동조를 보낸다. 그러므로 그 뉴스를 보는 우리는, 나는 같은 무리다. 공평과 인류애라는 가치보다 황금을 숭배하는.

그래서 형평운동의 그 외침은 100년이 지난 오늘날에도 유효하다. '공평은 사회의 근본이요, 애정은 인류의 본량이라.' 박물관이 그 얼굴을 오늘에 되살린 또 다른 이유일 것이다. 오늘날에도 또 다른 백정이 울고 있음을 알아차리자는. 울음 속에 감추어진 분노를 먼저 알아보자는. 돈보다 더 귀한 것을 외면하지 말자는.

매료된 순간들

작디작은 그들에게 매료되었던 순간들. 의심하는 기색이 없는 눈, 중력을 느낄 수 없는 팔다리, 세상을 부르는 끝없는 몸짓. 그들은 세상을 덜 경험하였고 그리하여 자신의 순수를 간직하고 있었다. 그렇게 경탄하며 오랫동안 지켜본 적이 있었던가. 계산하지 않은, 있는 그대로 자신을 드러내는 몸짓에 그처럼 찬미한 적이 있었던가.

아빠는 태어난 지 얼마 되지 않은 아기 목을 받쳐주고 있었다. 무게가 얼마 되지 않을 텐데 아기 몸 아래 받친 손뿐 아니라 어깨와 목까지 뻣뻣했다. 아기가 하는 사소한 몸짓, 이를테면 눈깜빡임 같은 미세한 움직임에도 움찔움찔했다. 나 역시 3킬로그램 남짓 되는 그 몸뚱이가 천근만근 무게로 느껴졌던 때가 있었기에 그 아빠가 이해되고도 남았지만, 입술

끝이 실룩거렸다. 아기를 막 내려놓은 엄마는 띠를 정리하고 옷매무새를 만지는 동안에도 눈은 아빠와 아기에게 가 있어 언제든 일어날 일에 대비하고 있었다. 저렇게 온 힘을 다해 지켜주는 이가 있어야만 생명을 보전할 수 있는, 얼마나 약하고 부서지기 쉬운 존재인가. 하지만 그 약한 존재는 순식간에 주변에 널려있는 소음조차 잠재우는 힘이 있었다. 좀 전까지 알아들을 수 없는 언어와 웃음이 뒤섞여 와자지껄하던 공항의 번잡스러움을 빨아들였다. 그리고 그들만, 아니 그 아기만 내 눈앞에 존재하는 듯한 착각을 불러일으켰다. 저 작고 연약한 생명체 어디에서 그런 힘이 나온 걸까.

아기는 지그시 눌러주던 엄마 가슴이 사라지고 난 뒤 휑한 공간에 놓여 불안하기도 하고 불편하기도 한지 감은 눈을 약간 찡그렸다. 감은 눈 안에서 눈동자가 움직였다. 눈꺼풀을 위로 밀어 올리고 아빠와 눈을 마주쳤다. 용기를 낸 눈동자가 천천히 오른쪽 왼쪽으로 굴러가더니 휘둥그레졌다. 더 빨라진 눈의 움직임에 앙다문 입도 벌어졌다. 태어나 처음 만나는 세상이었던가. 자기가 눈 뜬 곳이 어떤 세상인지 알고 싶은 아기 질문에 목이 아주 조금 응답하고, 손과 발도 꿈틀대기 시작했다. 아기는 다시 아빠를, 그리고 엄마를 쳐다보며 물었다. 부모들은 미소로 대답했다. 쳐다보기만 할 뿐 아무런 기여도 하지 않은 내 입가에도 미소가 떠올랐다. 멀고 깊숙한 숲이나 바다에 가서 느끼려고 할 필요가 없었다. 이 작고 어린 존재에서 뿜어져 나오는, 스스로 아무것도 할 수 없는 듯 보여도 세상에 접속하려고 안간힘을 쓰는 아기에게서 무한한 생명의 힘을 발견할 수 있었다. 이것이 생명의 본성이었다. 태어난 지 얼마 되지 않은 아기는 원초적인 생명 그 자체였다.

세상 모든 아기에게서 이런 생명의 힘을 볼 수 있다. 갓 태어난 송아지가 가느다란 다리로 몇 번이나 휘청거린 끝에 제멋대로인 몸뚱이를 세우고 어미에게 가서 젖을 빠는 모습에서, 갓 부화한 새끼 새가 둥지 아래로 떨어져도 기어이 날아오르는 모습에서 이 신비로운 힘을 마주한다. 어린아이가 발산하는 그 힘 때문이었는지 모르겠다. 가는 데마다 어린아이를 보았고 그때마다 눈을 뗄 수 없었던 이유는. 그동안 아이라는 존재를 몰랐던 사람처럼 아이를 발견했고 그들만이 가지고 있는 연약함과 미숙함, 그러함에도 뿜어져 나오는 생명력에 매번 감탄하였다. 오래전, 일터에서 돌아온 아빠가, 울어서 온몸이 빨개진 아기를 달래줄 생각은 하지 않고 들여다보며 우리 아기가 배밀이를 하네, 이 말만 몇 번이나 되뇌며 웃었다는 얘기가 떠오른다. 그 아기 아빠도 어린 것이 습득하는 생의 기술에 몹시 놀라고 기뻤을 것이다. 마침내 도와달라는 부름에 응답했을 젊은 아버지의 모습을 상상해 본다.

알람브라 궁전이었다. 이슬람인이 유럽에 남겨놓은 궁전에 사람들이 열광하는 이유를 알 것 같았다. 입구에서부터 거대한 제국의 위엄이 느껴지는 어마어마한 규모. 눈을 뗄 수 없을 만큼 아름다운 조각. 몇백 년 전에 만들어진 것이라고 믿기지 않는 현대적 감각의 문양. 쏟아지는 햇살에 반짝이는 물조차 예술로 만드는 정원. 당대 이슬람 문화와 과학 수준을 짐작할 수 있었다. 정교한 새김과 화려한 색채는 어느 하나도 균형을 벗어나지 않고 부드러운 붉은 색조를 띤 황토색 구조물 속에서 조화를 이루고 있었다.

입장객 수를 규제한다고는 하지만 궁전 뜰은 사람들로 꽉 차 있었고 사람들이 뿜어낸 열기로 답답함마저 느껴졌다. 좁은 틈에서 요행히 쉴 공간을 발견한 아빠가 아이를 내려놓았다. 내려진 아이는 서너 살이 되었을까. 신이 난 아이는 아빠를 한번 쳐다보고 씩 웃더니 땅을 몇 번 굴렀다. 황제의 말이 달렸을 궁전 뜰에 자기 계획을 일러준 건지도 모른다. 어린아이는 곧장 걷기 시작했다. 아이는 거침없었고, 거리며 시간 같은 걸 가늠할 줄 몰랐다. 아이와 눈이 마주쳐도, 서로 쳐다보며 웃어줄 때까지만 해도 아빠는 아이가 그렇게 빠르게 걸어갈 줄 몰랐다. 앉을 데를 찾던 엉덩이가 허공을 방황하다 벌떡 일어났다. 황급한 손이 인파 속으로 뒤 꼭지가 사라지기 직전 아이를 들어 올렸다. 버둥거리는 아이는 느닷없는 제약이 못마땅했을 테다. 새로운 곳에서 이제 막 신나는 모험이 시작되던 참이었을 테니. 아이에게는 짧은 일탈이 너무 아쉬웠겠다. 길어졌다면 아빠가 곤란했을 테지만 내게는 재미있는 구경거리였다.

버둥거리며 들려가는 아이를 보며 마음껏 웃을 수 있었다. 덕분에 화장실 간 일행을 기다리던 나는 제법 오랜 기다림에도 전혀 지루하지 않았다. 언덕에 자리 잡은 거대한 궁전에서 위엄을 느끼며 조금 전까지만 해도 와, 하는 소리 말고는 할 줄 아는 소리가 없는 사람처럼 찬탄한 궁전 속 궁전인 나사르 궁전과 사자 정원을 다시 그려보던 중이었다는 것조차 잊었다. 무어 그리 재미난 구경거리라고.

어딘지도 모르고 어디로 가는지는 더더욱 알지 못하는 채로 걸어가는 어린아이를 쳐다보는 일이 왜 그렇게 재미있었을까. 지상의 것이 아닌 듯한 궁전의 아름다움조차 잊게 만든 건 무엇이었을까. 어린 존재가 보이는 행동은 계산하지 않은 것이었고, 사려 깊지도 못했다. 우연에 이은 우연으로 연속되었고 결과는 미흡했다. 하지만 우연적인 것들은 전혀 지루하지 않으며 오히려 즐거움을 선사한다. 예측할 수 없기에 흥미롭다. 우리가 어린 생명에 눈을 뗄 수 없는 건 바로 이 때문이다. 어떤 인과율에도 지배받음 없이, 그래서 두려움을 모르는 거침없는 행보와 그에 따른 엉뚱하기 짝이 없는 결과 때문이다. 세상을 좀 알아버린 사람들에게서는 볼 수 없는, 미흡함에 대한 두려움 따위는 찾아볼 수 없는 그들에게서 왕성한 생명의 냄새를 맡을 수 있다. 미숙함을 두려워하는 우리는 사실은 미숙함을 사랑하고 있었던 거다. 그래서 우리는 모든 어린 것을 사랑하는지 모르겠다. 그렇게나 동경함에도 도저히 미칠 수 없는, 우리가 잃어버린 순수를 간직한, 두려움과 죄책감과 수치심을 모르는, 결과를 헤아리지 못하는 매 순간 살아있는 존재들을.

어쩌면 부러웠는지도 모르겠다. 실패에 대한 두려움 없이, 결과에 대한 불안 없이, 용기라 불리는 그것이 없어도 언제든 행동으로 옮길 수 있는 그 나약한 존재들이. 순수라고 포장된 그 존재가. 그러므로 순수함은 미숙함의 다른 이름이다. 계산하지 않고 있는 그대로의 그것. 하얀 도화지같이 깨끗한 그것은 경험이 없기에 계획하지 못하고 사려 깊지 못하며 결과는 우연적이고 미흡하다. 우리는 어린아이의 순수함을 경탄하지만, 막상 어린아이가 내지르는 예측할 수 없는 행동에 경악하기도 한다. 그런 이유로 하루빨리 미숙함에서 벗어나고 싶어 한다. 그러나 그것은 한편으로 순수함을 벗어던지는 것이다. 이렇듯 우리는 필사적으로 순수함을 벗어던지고는 곧 순수함을 동경하는 존재이다.

어쩌면 여행에서 그토록 아이들에게 시선이 머문 건 내가 살고 있는 동네에서 아이들을 점점 보기 어려워져서인지도 모르겠다. 골목에서 흔히 보았던 아이들이 점점 귀해져서 그랬는지 모르겠다. 사라진 아이들처럼 문방구도 거리에서 사라졌음을 알았을 때 느낀 당혹감이 떠오른다. 어디서나 아이들을 볼 수 있는 그 나라들이 부러웠다. 이국의 거리에서 발견한 문방구는 묘한 향수를 불러일으켰다. 거리낌 없이 유모차가 다니고, 거리 곳곳에서 짧은 겨울 태양을 즐기는 아이와 부모들이 부러웠다. 알아들을 수 없는 대화를 나누는 그들에게 자꾸만 눈이 갔다

혹은 어린 존재에 매혹되는 건 나이 들어감을 뜻하는 건지 모르겠다. 전철에서 재잘대는 아이들에게 눈길 보내는, 어린 것들을 이뻐하던 할머니, 할아버지처럼. 몸속에서 생의 기운이 스러져 감을 감지하는 이가 생명력 충만한 존재를 선망하듯이. 그래서 시선이 오래도록 머물렀는지 모르겠다.

토요일 오후 2시의 여행객*

참고 있던 침이 꼴깍 넘어갔다.

"올라간다, 올라간다, 올라간다."

아이 같다고, 이 순간 할 수 있는 말이 이것밖에 없나 생각하면서도 멈출 수가 없다. 이걸 보려고 지난 일주일을 기다렸다.

오후 2시까지 도착하려면 시간이 충분한 건 알지만, 자꾸만 시계에 눈이 갔다. 잠에서 깬 후 시계 보고, 아침 먹으면서 시계 보고, 나서기 전 또 보고. 조바심 내는 걸 눈치챘는지, 토요일이라도 도로가 잘 뚫리는데. 전망대에서 구경할 시간이 충분하겠어, 라며 남편은 운전대를 느슨하게 잡고 말했

---

* 2022 부산 중구 그림엽서+스토리 공모전, 대상 수상작.

다. 그래도 내 마음보다는 느리지 않은가.

　롯데백화점 광복점에 가면 부산항을 조망할 수 있다. 우린 조금 일찍 도착해서 영도대교를 본 후 다리가 올라가는 모습을 볼 계획이었다. 차를 대고 곧장 전망대로 향했다. 전망대에 올라선 순간, 누가 먼저랄 것도 없이 탄성을 질렀다. 살아 움직이는 부산항이 눈앞에 펼쳐졌다. 야적장에는 컨테이너가 차곡차곡 쌓여 있고, 높이가 수십 미터나 된다는 크레인은 하역장에서 언제든 고객의 부름에 응할 준비를 하고 있다. 넓은 부두로도 좁았던지 접안 시설이 쑥 나와 있다. 화물선도 보이고, 맵시 있는 여객선도 보인다. 이렇게 활달한 처녀 같은 부산항이라니. 전혀 예상하지 못했다. 내 몸속에서도 피돌기가 힘찬 행진을 시작한다.

　영도대교도 있고, 영도 다리도 있는 줄 알았다. 그래서 부산 여행을 계획하고, 여행지를 검색할 때 헷갈렸다. 영도대교라는 이름 놔두고 왜 영도 다리라 부를까. 노래에서 유래한 걸까. 함께 울고 웃은 찐 친구인가. 영도대교라는 말보다 영도 다리라는 말이 더 친근하게 느껴져서 나도 '영도 다리, 영도 다리' 이렇게 부르게 되었다.

　길게 나 있는 전망대를 따라 걸으니, 부산대교가 손에 잡힐 듯 가까이 있고 영도 다리도 한눈에 보인다. 다리 건너 섬에는 배가 빼곡하게 정박해 있다. 색색깔의 화물선, 수송선들 사이에서 깡깡이 소리가 들려올 것 같아 귀를 기울여 본다. 투명한 하늘에 갈 길 바쁜 구름이 하얀 발자국을 남기며 떠나고 있었다.

전망대 아래 옥상에서는 한 노인이 그 경치에는 이골이 났는지 나른한 얼굴로 바다가 보내는 바람과 나무가 만들어 주는 그늘을 즐기고 있었다. 일행과 간식을 꺼내 이야기꽃을 피우는 사람들, 정답게 손잡고 걷는 아빠와 아이. 시끌벅적하게 사진 찍고 탄성을 질러대는 무리는 우리 같은 여행객이리라. 이 순간 제각각의 방법으로 바다와 바람과 하늘을 즐기고 있었다.

길지 않은 시간 마주한 부산항은 오래도록 기억날 것 같다. 이런 상상을 해본다. 저기 보이는 데가 부산의 심장이야, 네가 부산 사람이라는 걸 잊지 말아라, 라는 말 대신 부모들이 자신의 아이를 번쩍 들어 올려 보여주는 곳. 부모와 함께 선 아이가 고향의 냄새와 활기를 몸에 새기고, 눈에 담는 곳. 그래서 여기가 세상의 중심인 듯, 세상의 한가운데 사는 부산 지엥의 자부심이 뿜어져 나오게 하는 곳. 부산항이 선사한 흥분에 발길을 붙잡혀 자꾸만 서성이게 된다. 하지만 이렇게 거대한 건물이라니, 욕심이 못내 아쉽다.

다리 위보다는 저기 다리 아래가 낫겠다. 저기서 보자. 다리가 올라가는 한순간도 놓치지 않으려면 서둘러야 했다. 도착해 보니 이미 많은 사람이 좋은 자리를 골라잡고 있다. 사진기를 준비한 사람들도 있고, 서로의 사진을 찍어주는 사람들도 있다. 아기를 안은 젊은 엄마는 더위를 어떻게 견디나. 아기는 보채지 않고 엄마를 기다려 줄 수 있을까. 모두 한낮의 햇살에는 아랑곳하지 않는 모습들이다. 우리도 잘 보이는 곳에 자리를 잡았다.

2시, 사이렌이 울렸다. 대단한 팡파르를 기대한 건 아니지만 웨엥 하는 소리에 귀를 의심했고 잠시 고개가 헛돌았다. 생뚱맞은 소리라는 생각은 나만의 착각이었다. 사람들의 눈은 모두 다리에만 쏠려있었다. 하긴 여행객에게나 구경거리이지 이곳 사람들에게는 일상인데 매번 팡파르를 울릴 순 없겠지. 나도 아무 일 없는 척 고개를 돌렸다.

안전모를 쓴 사람이 손에 막대를 들고 지휘하고 있었다. 이 순간 그는 다리 위의 모든 통제권을 가진 단 한 사람이다. 움직임이 허락되지 않은 그곳에서 그만이 움직였고 모든 시선은 그의 몸짓 하나하나에 쏠렸다. 차단기가 완전히 멈추자, 그도 물러났다. 차단기 사이에는 정적만 남았다. 차단기 너머로 차와 오토바이가, 인도에는 사람들이 모여들었다. 꼬리가 점점 길어지고 있었다.

드디어 올라간다. 숨죽여 사진기를 들고 대기하던 사람들이 일제히 움직였다. 올라간다는, 숨넘어가는 소리가 무색하게 다리는 아주 천천히 움직인다. 지켜보는 우리의 조바심까지 끌어올리고 있다. 끝이 날 것 같지 않던 움직임을 마침내 멈추고 이제 묵묵히 중력을 이겨내고 있다. 1분, 2분, 3분….

멈추어진 공간에 노래가 스며들었다. '굳세어라 금순아'가 흘러나오는 다리 아래 '점바치골목 기록관'이 있다. 점집을 찾은 사람들은 점바치가 자신들을 버린 신을 대신해 줄 존재라 믿어 의심치 않았겠지. 그렇기에 가난한 주머니를 털어 미래를 사고, 희망을 구했지. 저 작은 기념관마저 없었다면 깨끗해진 이 거리에서 점집을 찾았던 사람들의 눈물도, 점집을 들어선 사람 수만큼 많았던 점집도 잊혔으리라.

다리가 내려왔다. 올라간 차단기가 출발 신호였다. 오토바이가 가장 먼저 튀어나왔다. 기다리는 고객이 실망하지 않게 하려는 그의 노력이 아슬아슬하다. 택시와 승용차가 뒤이어 앞서거니 뒤서거니 달리고, 승객을 실은 버스가 무겁게 움직이기 시작했다.

바쁘게 움직이는 그들과는 달리 인도에 서 있던 사람들은 느리게 움직이기 시작한다. 폭죽이 다 터지고 난 뒤의 여운을 음미하는 것처럼, 그렇게 천천히. 영도 사람이라면 그늘 한 자락 없는 늦여름의 볕 아래 15분이나 기다려야 하는 거기에 있지는 않을 거다. 그러니 그 무리는 다 우리 같은 여행객 혹은 구경꾼.

어떤 이유로 그 자리에 섰던 걸까. 무엇을 보았을까. 버린 기억을 되살린 노력을 보며 부활을 꿈꾸었을까. 떨어지지 않고 버텨내는 무거운 몸뚱이에 경이로움을 느꼈을까. 무료한 일상에 신기한 구경거리를 찾았던 걸까. 걷고 있는 무리 속에 들어있지도 않는데, 함께 걷는 것처럼 그들의 표정이 보이는 듯하고, 그들의 마음이 들리는 것만 같다. 각자만의 이유와 사연으로 한 공간에 머무른 15분. 그들과 한마디 말도 나누지 않았지만, 이전 삶 어디선가, 여기 아닌 언젠가 만났을 것 같은 친밀감을 느낀다.

제자리에 잘 안착한 다리와 건너오는 무리에서 무심코 고개를 돌리다 다리를 떠받치고 있는 받침대에 눈이 멈추었다. 옮기던 시선을 잡은 건 회색의 매끈한 도로와는 다르고, 붉은색 철제 다리와는 더더욱 다른, 그래서 도드라진 색깔과 질감 때문이었다. 그럴 리가 없지만 커다란 화강암 덩어리 같기도 했다. 흠 없고 단단하고 네모난 돌만 골라 촘촘하고 가지런하게 쌓고, 빈틈을 메워서 그렇게 보였다. 반듯하고 잘생긴 구조물에는 한 장 한 장 어긋남 없이 돌을 쌓아 올린 장인의 땀도 함께 쌓였을 터이다. 오가는 모든 이의 무게를 떠받치는 석축. 수십 년을 떠메었을 받침대는 어디 한 군데 비틀어진 데가 없다. 그 지켜지는 견고한 약속 덕에 그곳에 터를 둔 이들이 안심하고 지나가고, 오토바이는 고객을 위해 달리고, 여행객은 다음 길을 떠날 수 있었다.

불타지 않은 기억의 수집자[*]

1. 불에 타지 않는 기억과 텍스트의 힘

흑백 사진 한 장. 얼핏 연인들이 행복하게 얼싸안고 있고 주위 사람들에게 축하받는 모습 같다. 그래서 결혼식인가, 생각되지만 이 책은 죽음을 다룬 책, 그러니까 죽음 의식을 표현한 그림이다. 그것도 무덤 속 부장품도 아니고 사람들이 일상생활에서 쓰는 공예품 그림. 책에 실린 자료 중에 죽음을 이보다 흥겹고 경쾌하게 표현한 작품은 없다.

한가운데 하트 모양이 있고, 그 안에 사랑하는 두 사람이 팔을 뻗어 상대방을 안고 있다. 두 사람 주위에는 작은 세모

---

[*] 백년어서원 제12회 백년서평 바다상 수상작, 『불의 기억』을 읽고, 2023.

를 무수히 넣어 손이 몸에 닿는 순간 그 황홀함, 그 반짝임을 그린다. 검은 바탕에 하얀색이 별처럼 찬란하다. 하트 바깥에는 여러 사람이 환한 표정으로 춤을 추고 있다. 사랑도 먹으면서 하라고 고기와 채소도 있다. 빈자리는 별이 빛난다. 연인을 둘러싼 사람들 가슴에는 하트가 새겨져 있다. 사랑은 당사자만이 아니라 보는 이들도 행복해지고 흐뭇해지는 일이었나. 무엇보다 재미있는 건 모두 해골이라는 점이다. 그러니까 서로를 안은 연인도 해골, 옆에서 축하해 주는 사람들도 해골, 고기도 뼈다. 죽음을 다룬 작품답다.

검은색과 흰색뿐인데 이렇게 발랄할 수 있을까. 그들은 죽음을 이렇게 받아들였구나. 삼바와 차차, 탱고, 맘보의 나라들답다. 즐거운 송별 잔치에 돌덩이같이 무겁던 죽음을 한결 가볍게 받아들이게 된다. 공예품에 새긴 기억은 한 번도 가본 적 없는 땅과 그 땅에 사는 사람들을 친구처럼 가깝게 해준다.

옛사람들은 작품이 세상에 알려질 줄 알았을까. 그들이 남긴 죽음 의식에 이렇게까지 열광하는 이가 나타날 줄 알았을까. 그런 미래까지 내다보았을까. 다만 어른들에게 듣고 배운 대로 자신들의 평소 생각을 담았을 뿐, 앞날까지 예견하진 못했을 것이다. 그러나 그것은 책이 되고, 경배할 만한 가르침이 되어 산을 넘고 바다를 건넌다. 이제 백 년을 지나고 이

백 년도 지날 것이다.

이것이 텍스트의 힘이다. 사사키 아타루는 에세이집 『잘라라, 기도하는 그 손을』에서 법학자 르장드르의 말을 빌려 텍스트는 '문서'를 필요로 하지 않는다고 한다. '흑인의 춤'을 예로 들어 더 깊이 해석해 준다.

> 좀 더 확실히 말하자면 르장드르에게 '텍스트'라는 것은, 흑인의 춤입니다. 물론 부족에 따라 전혀 다릅니다만, 이를테면 그들은 독특한 액세서리를 답니다. 부족에 따라 상징이 되는 색이 다릅니다. 문신도 다릅니다. 음악도, 악기도, 노래의 멜로디도, 리듬도, 가사도, 당연히 춤의 '안무'도 다릅니다. 호흡법도, 발성법도 다르고 근육이나 뼈, 힘줄을 움직이는 방법 하나하나도 다릅니다. 그렇다면 이들 액세서리, 각양각색의 복장, 문신, 악기, 음악, 멜로디, 리듬, 가사, 춤의 안무는 무엇을 의미하는 걸까요? 그들의 신화를 의미합니다. 그들은 그들의 신화를-좀 더 말하자면 '법'을 춤추고 있는 셈입니다.[**]

르장드르와 사사키 아타루에 의하면 시도 노래도 춤도 악기도 리듬도 꿀맛도, 또는 특별하지 않은 인사라든가 행동거

[**] 사사키 아타루, 송태욱 옮김, 『잘라라, 기도하는 그 손을』, 2020, 202~203쪽.

지라든가 표정, 이 모든 것이 텍스트이다. 그들은 '종이'에 묶여 있던 개념을 넓힌다. 그래서 문자가 되기 전에 사라진 말이 있지만, 종이로 된 기억의 집이 불태워졌지만, 텍스트는 남아있음을 알게 한다. 확장된 시선은 우리가 누리고 즐기는 삶이 텍스트임을 알게 하고, 무심히 지나치던 오래된 거리를 다시 보게 한다. 돌아가신 할머니가 들려주던 이야기의 속뜻을 헤아리게도 한다.

공예품에 남긴 유쾌한 죽음 의식은 불에 타지 않은 텍스트였다. 오래전에 죽은 저자들이 자신의 땅을 범한 정복자에 의해 자신이 쓴 책이 불태워지고 있음에도 시원한 세계수 그늘에 앉아 태연자약하게 초콜릿을 마실 수 있었던 이유. 바로 '기억은 불타지 않는다는 사실'을 알고 있었기 때문이고, '자신들이 남긴 기록이 노래와 춤을 통해 영원히 전해지리라고 믿었기' 때문이었다. 불에 타지 않은 기억은 텍스트로 남아 공예품에 그려지고 다시 오늘에 전해질 수 있었다.

그러므로 흩어져 있는 텍스트를 찾는 건 지금을 살고 있는 사람의 몫이다. 무덤가에 쓰러져있는 돌에 새겨져 있을 수도 있고, 알쏭달쏭한 신화에 깃들어 있을 수도 있다. 축제 들머리에 추는 춤이나 아님, 그날 입었던 의상 속에 숨겨져 있을 수도 있다. 어쩜 자기네 땅이 아닌 먼 곳에다 홀씨 한 움큼 던

져놓았을지도 모를 일이다. 의미를 밝히는 일 또한 지금을 사는 사람의 몫이다. 온몸에 먼지를 뒤집어쓴 채 텍스트는 기다리고 있다. 먼지를 털고 온전한 자기 몸을 드러내는 순간, 텍스트에서 쏟아져 나오는 빛에 어쩌면 우리는 눈이 부실지도 모른다. 어리둥절할 수도 있다. 역사의 무지에서 빠져나오는 순간이기도 하다.

공예품에 남긴 기억을 발견한 이에게 감사한다. 그는 오래전 라틴아메리카에 살았던 사람들이 삶과 죽음을 어떻게 바라보았는지, 죽음을 어떻게 맞이했으며 죽은 자와 어떤 방식으로 이별했는지를 아플리케 공예품 하나로 보여주었다. 이보다 명쾌한 설명이 있겠나. 죽음도 삶의 일부, 삶을 살 듯이 죽음을 맞이하라. 생애를 두고 기억할 가르침이다.

2. 눈 밝은 이와 되찾은 존엄

『불의 기억』은 유럽이 발 디딘 이래 금지되었던 기억인 라틴아메리카의 역사를 복원한 책이다. 이 책을 펴낸 저자 에두아르도 갈레아노는 이 책이 역사책으로, 자신이 역사가로 불리기를 사양한다. 그는 언론인, 역사가, 좌파 지식인, 반체제

작가, 정치평론가, 소설가, 시인… 등의 호칭으로 불리기도 하지만 이 모두 마다한다. 대신 자신은 누군가 숨겨놓은 이야기를 찾아내는 이야기꾼이며 기억하기 위해 발버둥 치는 작가일 뿐이라고 말한다. 그는 자기가 한 역할을 이렇게 말했다.

> 나는 다만 삶의 신비와 사회의 비밀을, 은폐된 지대, 캄캄한 구석자리를 파고들 따름이다. 현실은 가면 뒤에 숨어 있기에, 나에게 사명이 있다면 이 가면 쓴 현실, 우리 눈에 보이는 것과 숨어 드러나지 않은 것을 쓰는 것이다.[***]

그런 그를 이렇게 부르려고 한다. 눈 밝은 이. 1,036권이라는 방대한 문헌을 찾고 읽어낸 시간. 자료 속 시대들을 살아내었을 그의 날들. 그 땅에 살았던 사람들의 숨결을 느끼게 하고, 역사를 생생하게 만들어 줄 고갱이를 찾아내기 위한 분투. 그 애씀 덕분에 라틴아메리카의 역사가 살아 숨 쉬게 되었다. 오랜 시간 아귀가 맞지 않은 채 조각나 있던 역사가 장엄하게 제 모습을 드러내게 되었다.

그는 그런 사람이었다. 사람이 다니지 않는 들판 한가운데 오래 버려진 집처럼 파묻혀있는 텍스트를 발굴하는, 그런 사

[***] 에두아르도 갈레아노, 박병규 옮김, 『불의 기억 2』, 따님, 2005, 7쪽.

람. 부스러진 그릇 하나, 낡은 천 조각 하나 허투루 보지 않고 장갑을 끼고 먼지 털어내며 살피는, 그런 사람. 텍스트들 가운데서 기억할 만한 것을 골라 사람들 앞에 내보이는, 그런 사람. 그런 그를 그들 선조의 방식으로 이름 붙여 본다. 눈 밝은 이.

눈 밝은 이, 에두아르도 갈레아노는 아스테카족에게 태양의 온기를 가져다준 벌새가 그랬듯이 박물관에 박제되어있던 역사에 온기를 불어넣었다. 그가 되살려낸 기억은 탄생 시대로부터 시작한다. 그 땅을 살았던 사람들의 뜨거운 이야기는 열강이 대륙을 휩쓸던 시기를 지나 독재가 끝나는 1984년까지 이어진다. 이야기는 지배자와 그 땅에서 집 짓고 살던 모든 사람, 그 땅에 오지 않았으나 그 땅과 영향을 주고받은 모든 삶을 빠뜨리지 않았다. 그는 지배자의 역사에서 배제되었으나 그 땅에서 실제 일어난 일을 보여주었다.

그가 복원한 삶을 들여다보자.

최초의 기억, 탄생 시대 언어는 사물의 본질에 맞닿은 말이었다. 물질계에 속하는 사람의 언어이며 동시에 영혼의 언어였다. 그 시대를 살던 과라오 부족은 자신들이 지상낙원 언저리에 산다고 믿었다. 그들이 남긴 언어는 이렇다. 무지개는 '목걸이를 여러 개 두른 뱀', 하늘은 '머리 위의 바다', 번개는 '비의 광채', 친구를 '또 다른 내 심장', 영혼을 '가슴의 태양', 부엉이는 '깊은 밤의 주인'. 그리고 추장의 권위를 상징하는 지팡이는 '영원한 손자'라고 하며, '용서한다'고 할 때는 '잊었다'라고 한다. 과연 그곳의 말은 그곳 자연을 닮았다.

저자가 찾은 비밀에는 그리스도보다 앞서 태어난 사람들의 노동과 나날, 꿈과 전쟁 이야기가 있다. 마야 사제들이 별의 움직임과 일식과 월식의 주기를 기록으로 남겼다는 사실과 후손들이 그 책으로 비를 부르고, 좋은 옥수수를 수확했다는 내용도 있다. 자기 뿌리를 알았으며 그런 조상을 두었다는 자부심이 스며 있음은 물론이다.

또한 공부하고 싶어도 할 수 없었던 여성, 후아나들과 사탕수수를 재배하던 노예에서 저항의 우두머리가 되었던 줌비들이 피로 쓴 역사. 지배자가 했던 놀이를 따라했다고 벌을 받아야 했던 피지배자의 눈물. 걸핏하면 사회 혼란의 주범으로 낙인찍혀 마녀가 되거나 짓지 않은 죄를 고백해야 했던 여성과 노동자와 약자의 삶. 되살린 삶이 오늘날과 다를 바 없는 사회 모습임을, 그 당황스러운 발견에 먹먹하고 답답하다.

일흔아홉 된 미겔은 죽지만 또 살아난 사람이다. 죽지만 살아나는 미겔을 통해 결코 저항을 멈추지 않은 사람들을 조명한다. 이처럼 저자는 죽은 사람을 되살리는 방식으로 망각에 맞선다. 망각이야말로 사람을 죽이는 유일한 죽음이기 때문이다. 그뿐이 아니다. "적어도 신부님은 독일에만 수학자들이 있는 것은 아니라는 사실을 아셔야 합니다. 이 외진 땅 멕시코에도 수학자가 많습니다."라고 말한 공고라를 살려내어 저자는 스스로 존엄했던, 존엄을 지키고자 했던 이들의 삶도 소중하게 빚어내었다.

예수 탄생 그림에 낙타 대신 아메리카 야마를 슬쩍 끼워 넣고 교회 곳곳에 파인애플과 야자수와 옥수수와 아보카도를 새겨넣었음도 기억하게 한다. 그리하여 지배자의 땅에서 왔으나 라틴아메리카에서 그 땅과 운명을 함께 한 사람들도 곁에 있었음을 잊지 않게 한다. 그 기억은 신산했던 삶에 온기 하나쯤 있었으며 자기가 터 잡은 마을이 살기에 그리 나쁘지 않다는 위로가 되리라.

3. 진정한 이름

이렇듯 갈레아노는 자신이 수집한 기억을, 자부심을 품은 태초로부터 해마다 봄이면 풀이 되살아나듯이 죽어도 죽지 않던 삶, 뜨거웠던 불의 기억을 들려준다. 마을 큰 집에 모여

모닥불을 피우고 둘러앉아 늙은 이야기꾼이 이야기를 들려주던 옛 방식으로. 그 이야기꾼이 잠든 뒤에도 이야기를 들은 누군가가 다시 사람들에게 들려줄 것이라는 믿음으로.

하지만 의문이 생긴다. 라틴아메리카에서는 평범할 웨일스·독일·스페인·이탈리아계라는 긴 계보를 지닌 중산층 가톨릭 집안에서 태어난 그가. 계보에서 알 수 있듯이 자연과 교감하던 삶을 누리다가 하루아침에 모든 걸 **빼앗긴** 마야나 잉카의 후손도 아니요, 도망 노예의 후손도 아닌 그가. 계곡에 숨어서 저항한 원주민의 후예도 아닌 그가. 왜 기억상실증을 선고받은 라틴아메리카의 과거를 굳이 되살리려고 했을까. 어떻게, 왜 눈 밝은 이가 되었을까.

그는 경계인이었다. 경계인이었기에 할 수 있었다. 기독교 교육이 심어놓은 육체 대 영혼 이분법, 선과 악 이분법, 식민지 지배문화가 강제 이식한 문명 대 자연 혹은 문명 대 야만 이분법, 이성 대 감성 이분법, 과거 대 현재 이분법. 정반대인 두 세계가 그에게서 충돌하였다. 그런 그에게 학교에서 배우는 역사는 '숨이 끊어진 역사'였다. 교과서에서 배신당하고, 교실에서 거짓으로 포장되며, 연표 속에서 잠자는 역사였다.

학교를 일찍 그만둔 일도 그 때문 아니었을까. 그는 두 세계의 괴리에 예민하게 반응하는 경계인이었다. 자신에게서 일어난 충돌과 괴리를 외면할 수 없었기에 박제된 역사에 숨과 활기를 불어넣는 일, 잃어버린 말을 되찾는 일에 뛰어들 수 있었다. 그렇다고 해도 용기가 필요한 도전이었다. 그러나 그는 담담하다. '사랑이 경멸에 내몰린 땅 아메리카의 기억을 되찾는 데 일조하고' 싶었고, '그 땅과 이야기를 사람들과 나누고, 비밀을 공유하고 싶었다'.

라틴아메리카. 정복자인 라틴족의 지위를 돋보이게 할 목적으로 지은 이름. 정작 대륙에 살던 이들은 몰랐던 의미. 오래된 신대륙이라는 역설적인 표현. 그 의미를 아는 저자는 지배자에 의해 강제로 이식된 역사를 거부하였다. 그에게 역사는 '과거를 돌아보는 눈을 지닌 예언자'이고 '도착점이 아니라 출발점'이었다. 언제나 '현재의 자리로 힘차게 쏘아 보내주는 새총'이었다.

그렇다. 역사는 언제나 현재이다. 수백 년 전 혹은 불과 몇 년 전의 복원되지 못한 기억이, 해결되지 못한 과제가 우리 앞에 놓여있는 한 언제나 현재이다. 해결되지 못한 과제가 호출하면 어디서 무엇을 하든 그 앞에 불려 가고야 마는, 오늘도 우리 곁에 떠돌아다니는, 언제까지 내버려 둘 거냐는 질문에 맞닥뜨리면 전전긍긍할 수밖에 없는, 언제나 현재이다. 그 점을 알고 있기에 작가는 모든 이야기를 현재시제로 기술했다. 외면하지 못할, 해결되지 못한 기억이 기억으로 박제되지 않도록. 먹고 마시고 숨 쉬는 지금도 옆에 있어서 뿌리칠 수 없게.

종이에 쓰인 기억은 1984년으로 끝이 나지만, 아직도 다 찾지 못한 이야기와 숨겨진 기억을 기어이 발굴할 2023년 혹은 2033년 갈레아노를 상상해본다. 자신들의 말과 글과 역사를 건져 올린 그들과 그 이야기에 귀 기울일 후아나와 미겔, 줌비, 공고라의 후예를 떠올린다. 그리하여 오늘의 오늘 어느 날 라틴아메리카는 자신이 의미를 부여한 진정한 제 이름을 갖게 될 것이다. 그날이 올 때까지 라틴아메리카의 후예는 불타지 않은 기억의 수집자가 되고, 수집자의 이야기에 귀를 모을 것이다. 옛사람의 방식으로, 갈레아노의 방식으로, 옛사람의 믿음대로, 갈레아노의 믿음대로. 그는 책의 끝에 이렇게 노래한다.

생명의 나무는 알고 있다. 어떤 일이 일어나도 자신을 중심으로 어지럽게 도는 따뜻한 음악은 그치지 않으리라는 것을. 얼마나 많은 죽음이 오고 얼마나 많은 피가 흐르더라도 공기가 남자와 여자를 숨 쉬고 땅이 그들을 갈고 사랑하는 한, 음악이 그들을 춤출 것임을 알고 있다.****

**** 에두아르도 갈레아노, 박병규 옮김, 『불의 기억 3』, 따님, 2005, 389~390쪽.

그러나 그것은 라틴아메리카만의 일이 아니다. 자기 손으로 역사를 기록하지 못한 모든 나라와 모든 사람의 일이다. 그래서 그것은 우리의 일이다. 불에 타지 않은 기억의 수집자가 되는 일. 수집자의 이야기에 귀를 모으는 일. 마침내 수백 년 만에 자신들의 이름을 되찾은 멕시코 산간지대 원주민 공동체처럼, 춤과 노래로 명명 의식을 치른 그들처럼, 그것은 존엄을 되찾는 일이다. 진정한 제 이름을 갖는 일이다. 우리가 해야 할 일이다.

IV

선물

길을 걷다
갑자기 장애물이 나타났다
예상치 못한 데서 예상하지 못한 꼴로 나타나
멈출 수밖에 없었다

멈춤의 의미는
아주 뒤에 알게 되기도 하고
바로 그 순간 알아채기도 한다
알아챘는데
다른 게 기다리기도 하고
어떤 의미가 있을지 찾지만
뭐, 아무것도 아닐 수도

어쨌든 나는
우물쭈물 가던 길을
커다란 장애물에 걸려 갑자기 넘어졌고
울다
문득 마주한 구불구불한 골목 앞에서

눈물 마르지 않은 눈으로 바라본다
좋아 보인다
어쩜 더 좋아 보이기도 한다

내가 암이라는 진단을 받고, 병가 기간에 쓴 시 같은 일기다. 의사 입에서 병명이 나오기 전부터 이런 예감을 하고 있었던지, 생각보다 담담했다. 병원을 나와 집으로 오는 길, 남편과 해야 할 일을 의논했다. 일정표에 써 놓은 과제를 하나씩 해치우듯이 닥친 문제를 해냈지만, 겉으로만 그랬다. 침착한 게 아니라 정신이 반쯤 나갔다. 얼굴에서는 표정이 읽히지 않았지만, 마음은 낭떠러지 끝에 매달렸고 힘이 다한 손은 절벽 아래로 떨어졌다. 체력은 바닥났고, 오래 앉아있을 수 없었다. 병명을 알 수 없는 통증이 온몸을 잠식하고 하루를 버티는 일이 버거웠다. 하루라도 빨리 추슬러야 하는데, 몸은 뜻대로 움직여 주지 않았다.

병가를 얻어 쉬면서 금정산을 자주 올랐다. 한때 펄펄 날아다녔으나 지금은 진땀 흘리며 오르막을 겨우 오르는 몸이 보였다. 언제부터 이렇게 망가진 걸까. 한발 한발 더디게 오르는 발, 발가락. 안 그래도 땀 많은 발인데 여행에서 만난 비로 젖은 신을 신고 다녀 무좀에 걸린 왼발. 걸음걸이가 이상해서였는지 걸핏하면 접질리는 오른발. 예쁘다고 신은 구두가 발 모양과 달라 구부러지고 눌려진 발가락. 상처 난 발은 지금도 안간힘을 쓰며 버티고 있다. 내 온몸을 받아내고 있다.

산을 오르는 내내 주먹 쥐어진 손, 손가락. 연필이든, 빨래든, 설거지든 손에 쥐어지는 대로 하느라 거칠어진 줄도, 굳은살이 박인 줄도, 삔 채 오래 두어 휘어진 줄도, 손가락 마디마다 힘을 줄 수 없을 정도로 약해진 줄도 몰랐다. 젓가락질마저 힘들어 아이들 어릴 적 쓰던 포크를 꺼냈다. 엊저녁에도, 오늘 아침에도 그 손에 의지해 입고 씻고 먹었다.

손가락부터 어깨, 목까지 느껴지는 묵직한 통증. 늘 있어 온 통증이기에 그러려니 했고, 어깨에 힘이 잔뜩 들어가 구부정한 몸을 쭉 펴는 법도 잊었다. 탈이 잘 나는 소화기. 스트레스받으면 잘 먹지 못하고, 걸핏하면 장이 탈이 나는데도 수십 년째 되풀이하고 있다. 가족 입맛에 맞춘다고 정작 자신에게는 소화 안 되는 음식을 만들고, 출근 시간에 쫓겨 급하게 먹었으니 당연한 일이었다. 제사와 명절 끝에는 응급실 신세를 졌던 몸. 버텨줄 기운이 빠져나간 몸은 오래된 신전처럼 낡은 기둥만 아슬하게 버티고 있었다. 내 몸 구석구석 떠올리니, 미안하지 않은 데가 없었다. 매일 몸을 느끼고 몸에게 사과했다.

어느 날, 웬일인지 매일 산을 오르며 느꼈던 슬픔과 미안함과 후회스러움이 찾아들지 않았다. 감사함과 충만함에서 오는 환희가 터져나왔다. 아직 걸을 수 있는 몸으로 산길을 오르고 있지 않은가. 몸에서는 땀방울이 흘러내리고, 스러질 듯 퍼석한 이 몸 어디서 솟아나는지 힘이 계속 뿜어나오지 않는가. 계곡 사이 찬 공기가 시원하게 열기를 식혀 주지 않는가. 어디 그뿐인가. 차가운 계곡물은 단숨에 발에서 심장을 지나 머리까지 온몸을 깨우는 날카로운 죽비가 되어 주고 있지 않은가.

개운해진 정신으로 범어사 대웅전에 올라 자연을 마주했다. 두루 내리 사랑하는 햇살. 햇살이 키운 숲. 숲을 한 바퀴 휘돌아 온 바람이 슬쩍 건드린 풍경. 지나가는 구름 하나 없는 말간 하늘에 구경거리 슬쩍 주고 가는 바람. 산 아래 펼쳐진 세상. 숲이 넘실대면 나도 출렁이고, 새소리는 내 몸에서 노래가 되었다. 병든 몸을 잊고, 시간도 잊었다. 곁에 있던 모든 존재가 나를 살리는 손길을 보내주고 있었다. 자연은 내가 어떤 사람이든, 어떤 모습을 하든, 한순간도 놓치지 않았다. 내가 잊고 있어도, 언제나 무한한 사랑을 주었고 어디에나 있었다. 시작도 끝도 없는 하늘이 그랬고, 숨 쉬는 대기가 그랬고, 뭇 생명을 키우는 태양이 그랬다. 생명의 보금자리가 되어 주는 숲이 그랬고, 범어사 맑은 계곡물이 그랬다. 그것은 기울어짐 없는 사랑을 주는, 무엇 하나 포용하지 않음이 없는, 비어있지만 꽉 차 있는 거대한 존재였고 생명의 근원인 어머니였다.

자연은, 몸에 두르고 있던 자존감이 떨어져 나가 오돌오돌 떨고 있는 나를 솜이불처럼 포옥 감싸 안아주었다. 아이처럼 울던 나는 자연 안에서 위로받고 힘을 얻었다. 아, 나는 사랑받고 있었구나. 본래 있었던, 가려져 있던 환한 세상이 펼쳐졌다. 세상으로 나갈 힘을 얻는 순간이었다.

나에게 암의 발병은 세상살이에 발목 잡혀 우물쭈물 살고 있던 나를 뿌리부터 흔들어 댄 사건이다. 지금과 다른 삶, 본래 내가 원했던 삶, 알아차리지 못했으나 무의식 밑바닥에서는 바랬던 삶으로 전환하게 한 강제 스위치였다. 그날 이후 나는 넘어진 김에 쉬어 간다는 말을 자주 하게 되었다. 넘어지지 않았다면 쉴 엄두도 못 내고 계속, 초점 잃어버린 흐린 눈으로 앞으로인지, 뒤로인지도 분간하지 못하고 그냥 하염없이 가기만 했을 것임이 틀림없다. 얼마나 다행이고, 고마운 일인지. 그러니까 나에게 암의 발병은 선물이다, 정신 차리게 한.

두 친구

따슨볕 등에 지고 유마경 읽노라니
어지러이 나는 꽃잎 글자를 가리운다.
구태여 꽃에 가린 글까지 읽어 무삼 하리오.

봄날, 스님이 나무 아래 책을 읽고 있다. 오래된 나무에는 굵은 가지가 달렸고 가지에 어지러이 피어난 꽃에서는 분홍색 꽃향기 가득하다. 한낮 햇살에 스님의 볼은 꽃잎만큼 발갛다. 앞에는 네모 각진 소반이 있고 그 위에 차 한 잔 놓여있다. 마침 바람 불어 스님이 보던 책 위로 꽃잎이 흩날린다. 보일 듯 말듯 미소 짓는 스님이 보는 것은 책일까, 책 위에 떨어진 꽃잎일까. 이 풍경은 내가 가장 사랑하는 그림, 지금 우리 집 안방에 걸린 동양화 속 정경이다. 시는 그림 한쪽에 그림

만큼 자유자재한 글씨로 쓰여 있다.

바빠서 늘 종종걸음 했지만 그림 앞에만 서면 무장해제 되었다. 화가 나는 일이 있어도 그 앞에만 서면 행복해지고, 잠깐 보기만 해도 배시시 웃음이 나왔다. 그림은 어떤 속상한 일도 사라져 버리게 하는 묘약 중의 묘약이었다. 나도 꽃이 피면 꽃그늘 아래에서 하늘과 바람과 꽃을 눈부시게 쳐다보리라. 바람에 실려 오는 향기를 온몸으로 맡으리라. 그 향기에 벌과 나비도 놀다 가리라. 볕 좋은 날엔 책 한 권 손에 들고 나무 아래 앉으리라. 바람결에 꽃잎 떨어져도 꽃잎 치우지 않으리라. 볕에 읽던 책 놓치고 고개 끄덕이며 졸아도 좋으리라. 그렇게 살리라.

이곳 주택으로 이사 온 후 상처 날까 고이고이 싸두었던 그림을 꺼내 안방에 걸었다. 편백나무로 마감한 벽과 안성맞춤이다. 지난번 살던 아파트에서는 걸어놓았던 데가 마뜩잖았다. 이번에는 좋은 데에 터 잡아 주고 싶었다. 집을 고치는 동안 이곳저곳 기웃거리며 일찌감치 찜해 두었던 장소였다. 어둡고 누렇게 뜬 시멘트벽에 걸려있다, 이제 제법 잘 어울리는 곳에 자리 잡았다. 안방에 들어서면 그림 한번 보고 웃고, 고개 돌려 창밖 풍경 한 번 보고 다시 웃는다. 이제 나도 그림 같은 삶을 살게 되었다.

아침저녁으로 오며 가며 들여다보는 이 그림은 어머니 부탁으로 몇 번 모셔다드린 적이 있는 절의 스님에게서 받았다. 아마도 순박한 스님은 가난한 절을 외면하지 않고 험한 길 마다치 않는 어머니와 그런 어머니를 모시고 다니는 내 정성에 고마움을 표하려고 하셨나 보다. 그때까지만 해도 그림을 알아보지 못하고 그저 스님이 주시니 귀한 것이구나, 귀한 것이니 잘 간수해야지, 그런 마음이었다. 새로이 단장한 그림을 보자마자 사랑에 빠지고 말았다. 입가에서 미소를 거둘 수 없었다. 그림을 거실 벽에 걸어두고 오가며 쳐다보았다. 그림 앞에서 위로를 얻고 잠시 여유를 가지며 그림 같은 삶을 꿈꾸었다.

이런 나에게 서운하다고 말할 이가 있다. 자기를 두고 그럴 수 있냐고, 자신에게 쏟아붓던 사랑이 벌써 옮겨갔냐고 말이다. 그 역시 사람은 아니고, 미술품이다. 그림이 오기 전 내 사랑을 쏟아부었던 작품은 '밭갈 경耕' 자를 쓴 글씨였다. 처음 보았을 때, 글씨는 종이 가운데 자리 잡지 못하고 위쪽에 치우쳐 있었다. 전 주인이 오래 보관하면서 약간 구겨지고 살짝 찢기기도 했다. 그런 단점에도 글씨에서 눈을 떼기 어려웠다. 글씨도 생기발랄할 수가 있구나. 미술품을 보고 사랑에 빠진 게 그때가 처음이었다. 표구점을 다녀온 글은 흠결을 찾을 수 없었다. 흉터는 감쪽같이 사라지고 한쪽으로 치우친 것도 알아채지 못할 정도였다.

하고 싶은 게 많았던 30대의 나는 백 세를 3년 앞둔 노옹이 힘 있게 눌러쓴 글씨가 참 좋았다. 글씨를 보고 있으면 노옹이 글 쓰는 모습이 눈앞에 펼쳐지는 듯했다. 굵고 큰 붓, 떨어질 듯 듬뿍 묻힌 먹물, 종이 위를 한달음에 내달리는 손, 힘을 주체하지 못하고 꿈틀거리는 글씨. 기백이 넘쳐흐르는 글씨를 보고 있노라면 무엇이든 열심히 해보고 싶은 마음이 절로 생겨났다. 그래서였을까. 24시간이 모자랄 만큼 열정적으로 살았다. 해야 할 일이 만만치 않았지만 그런 일쯤은 아무것도 아니었다. 못 할 일이 없었다. 하루가 끝난 저녁 글씨와 마주앉아 정답게 이야기를 주고받았다. 어떤 하루였는지, 어떤 멋진 일이 일어났는지. 잠자리에 들기 위해 일어설 때면 글씨가 주는 힘을 받고 미소로 답했다. 내일도 열심히 밭을 갈아볼게.

내어쓰기만 하고 채우지 않으면 곳간은 비어버리는 법. 언젠가부터 전날의 피로가 다 풀리지 않은 채 새날을 맞기 시작했다. 그런데도 나를 위한 시간을 갖지 못했고 마침내 병을 부르고야 말았다. 신체 기능이 떨어진 줄로만 알았지, 병이 온 건 몰랐다. 사실은, 진작부터 알려주었는데 대수롭지 않게 여겼다. 건강검진 결과 양성은 아니지만 암으로 진행될 가능성이 있다며 수술을 권했다. 그땐 건강했고, 곧 그 위협을 잊었다. 결국 목 안 나비에 돋아난 혹은 암이 되었다. 병원과 세상은 내일 당장 수술하지 않으면 몸이 망가질 듯, 곧 죽을 듯이 겁을 주었다.

암이 두렵지만, 삶을 지배하게 될지도 모르지만 그럼에도 우아한 삶을 누리고 싶다고 하면 비웃을까. 중요한 결정을 병원에 맡기는 환자가 되고 싶지 않았다. 병원의 계획에 의해서 하루와 한 달과 일년살이가 정해지는 건 싫었다. 내 삶을 지키고 싶었다. 아버지 몸과 정신을 짓누르던 병과 우리를 무릎 꿇렸던 두려움을 떠올렸다. 아무것도 할 수 없었던 무력감으로 병원에 모든 결정을 맡긴 건 아버지 때 한 번으로 족했다. 나는 아버지처럼 절망적인 암은 아니니 두려움도 암도 달래가며 사는 일이 가능할지도 몰랐다.

혹독한 대가를 치르던 그즈음에 그림을 만났다. 언제나 우선순위에서 밀리기만 하는 휴식을 일깨우려고 그림이 내게 온 건 아니었을까. 그림이 오고 나서 삶의 바다에 가라앉아 있던 쉼이 떠올랐고, 실은 간절하게 바라고 있었으며 쉼은 삶을 더 풍요롭게 하는 동무라는 걸 새삼 떠올렸기 때문이다. 여유로운 삶이 먼저인지, 여유로운 마음이 먼저인지 모르겠다. 동시에 생겨나는 것인지도 모른다. 도무지 줄어들지 않던 일을 정리하고, 사람과 관계도 정리했다. 도심에서 벗어난 곳으로 집을 옮겨 바쁜 도시인의 삶에서도 조금 비켜섰다. 들어차 있던 짐을 줄이니 집에도 마음에도 공간이 생겼다. 빈 곳으로 햇살이 비춰들고 바람이 길을 낸다.

반을 넘긴 인생이 보인다. 해놓은 일과 남은 일을 살핀다. 열심히 살았다. 책임을 다했다. 상처투성이이지만 최선을 다했다. 그러니 괜찮다. 내 어깨를, 가슴을 토닥토닥 두드려 준다. 의무를 다한 낙타는 포효하는 사자처럼 나를, 내 삶을 살기로 한다. 이 즐거운 걸음에 욕심을 더한다. 한순간도 멈추지 않는 존재, 발을 잡아당기는 중력을 거스르고 춤을 추는 존재, 아이처럼 사는 건 어떨까. 한 걸음 더 나아가보기로 한다.

생각해 보면 글씨와 그림은 내 삶에 깊숙이 들어와 지금껏 함께 울고 웃은 친구였다. 열정이라는 친구, 여유라는 친구로. 열정이라는 친구는 넘치는 정열과 성실이라는 미덕으로 밭을 갈게 했다. 이 들녘을 갈고 저 둥성이를 일구어 본 덕분에 달고도 쓴 경험을 했고 성취도, 좌절도 맛보았다. 그런 경험이 없었다면 자고 먹고 일했다, 는 단조로운 일기만 남기는 인생이 되지 않았을까. 그리고 여유라는 친구 덕에 인생의 바다에 휩쓸려, 짜다 못해 쓴 바닷물을 맛보았지만, 균형을 찾을 수 있었다. 이제는 끊임없이 넘나드는 파도에 휩쓸리지 않고 해변을 걸을 수 있다. 동경하지만 휩쓸리기만 하던 바다를 두려움 없이 바라볼 수 있다. 매일 같지만, 매일 다른 바다 색깔과 바다를 사랑하는 파도의 구애를, 너른 모래펄에서 뽀글거리는 게가 만들어 낸 공기구멍을, 보일 듯 말 듯한 흔적을 알아볼 수 있다.

한때 뜨겁게 사랑했던 글씨를 떠올린다. 서운했을지 모르는 글씨는 제 역할을 다했다고, 나를 이해하여 그림에게 첫 자리를 기꺼이 내어줄 터이다. 가끔 찾아와 함께 했던 시절을 웃음 지으며 떠올리는 나를 너그러이 이해해 주리라. 또한 그곳에서 다시 열정으로 상기될 나를 기다리고 있으리라. 쉼은 에너지가 차오르게 하는 일이지 않은가. 언젠가 발갛게 상기된 볼로, 눈을 반짝이며 죽을 뻔한 바다에 다시 돌아갈 날을 나 또한 기다리고 있는지도 모르겠다. 그때는 바다에 호락호락 잡히지 않을 것이다. 함께 하는 두 친구가 있으니. 어쩌면 두 친구와 그렇게 타고 싶었던 배를 타고 바람을 가르며 대양을 유유히 달릴지도 모를 일이다.

어떤 혁명, 웃음

웃음은 15개 안면 근육과 몸에 있는 230개 근육, 206개 뼈를 동시에 움직이는 자연적인 운동이다. 1시간 동안 코미디 프로그램을 보며 웃은 사람의 혈액에는 세균에 저항하는 백혈구가 증가하고, 스트레스를 유발하는 호르몬이 줄어든다. 이렇게 건강한 웃음을 유발하기에, 유머는 힘은 세고 유머 있는 사람은 환영받는다. 지도자의 덕목으로 꼽기도 한다. 그러니 그의 유머는 다른 모든 단점을 무력하게 할 만큼 매력 있는 장점이었음이 틀림없다. 결혼을 약속하고 나서 하루에 한 번씩만 웃겨도 된다고 아량을 베풀었다. 몰랐다. 알았더라면 그런 말은 안 했을 거다. 어쩜 결혼도.

남편은 선배들에게서는 찾아볼 수 없는 유머 감각이 넘쳐났고 서슬 퍼런 직장에서 고군분투하는 나와 달랐다. 그랬던 그가 결혼한 후 완전히 달라졌다. 유머는 고사하고 말 한마디 붙이기 어려운 날이 이어졌다. 어느 날엔가 일찍 온 그와 함께 식사한다는 기쁨으로 밥상을 차리는데 밀린 잠을 자야겠다며 방에 들어가 버렸다. 홀로 밥상 앞에 앉으니 연애할 때야 좋지, 어디 결혼해 봐라, 놀리던 말이 생각났다. 이럴 거면 결혼은 왜 했나. 혼자 먹는 밥은 모래알 같았다. 처음에는 훌쩍이다가 급기야는 엉엉 소리를 냈다. 아직 잠이 덜 깬 얼굴로 놀라 뛰어나온 그는 난처한 얼굴로 재미없는 자신이 유머라는 비결로 결혼에 성공한 사연을 털어놨다.

타인이 웃겨주지 않아도 내가 나를 웃음 짓게 할 수 있다는 걸 알았다면 내 것도 아니면서 가진 걸 잃어버린 듯 허전하지 않았을 텐데. 국립중앙박물관 '사유의 방'에 있는 반가사유상의 미소를 알았다면 나도 내게 웃음 지어줄 수 있었을 텐데. 띈 듯 만 듯, 보일 듯 말 듯 미소를 비추는 반가사유상. 그 미소는 무수한 말과 온갖 감정을 녹이는 힘이 있다. 소리 내어 웃지 않고도 시원하게 해주는 웃음이다. 때론 그 앞에 선 자를 눈물짓게 하는 미소이다. 비운 듯했는데 방을 나설 즈음 가득 채워진 자신을 발견하게 하는 미소이다. 하지만 그 웃음은 한참 살아낸 사람이나 인생의 쓴맛을 본 사람이 삶의 진실을 보았을 때야 짓는 것이니 그때는 알지 못할 경지였다.

분장을 벗은 우리는 본래 모습으로 살았고 바윗돌같이 무뚝뚝한 아버지, 교과서처럼 바른말 하는 어머니가 되었다. 문득 이런 우리 사이에 자라고 있는 아이들이 눈에 들어왔다. 오가는 말 없이, 수저만 달그락거리는 식사 자리. 참 재미없겠구나. 그때부터 한 번도 안 해본 일, 개그맨 흉내를 내기 시작했다.

고백하자면 내게 개그는 말꼬투리나 잡는 시시한 일이었고, 자신을 형편없이 망가뜨려 싸구려 웃음이나 짜내는 한심한 일이었다. 그러다 만난 남편의 유머는 신기한 경험이었지만 결국 한여름 밤의 꿈이었다. 결혼 후 웃기기를 그만두었으니 남편 역시 나처럼 생각하는 사람이었다. 게다가 이 에피소드는 해피엔딩이라 해야 할지도 난감했다. 그런 내가 개그맨을 흉내 내는 일은 삶을 뿌리부터 뒤흔드는 대사건이었다. 그렇게 단단하던 생각을 하루아침에 바꿀 수 있다는 게 신기할 때도 있다. 생각이나 신념이라는 게 그리 대단하지 않구나, 싶기도 하다. 그보다는 가족의 행복을 더 소중한 가치로 두었기에 할 수 있는 일이 아니었을까.

엄마를 신기하게 쳐다보며 웃던 아이들이 얼마 안 있어 자기들도 해보겠다고 엉덩이를 들썩였다. 뜻밖이었다. 웃음을 주는 일은 전염도 잘 되었다. 불룩한 이야기보따리가 홀쭉해질 때쯤 시끌벅적한 식사도 끝이 났다. 가족 모두 웃기는 실력이 점점 늘었다. 적절한 지점에서 파안대소하거나 의미를 알겠다고 히죽 미소 보내는, 우리의 웃어주는 능력도 날로 향상되었다. 웃음은 가족의 삶도 바꾸고 있었다.

내 개그의 절정은 남편이 갈비뼈가 부러지는 사고가 났을 때다. 후유증이 생기지 않으려면 몸속에 고인 피가 굳기 전에 빼내야 했다. 그러나 깁스를 할 수 없는 상태에서 갈비뼈 조각이 장기 여기저기를 찔러대는 바람에 운동은 고사하고 움직이기만 해도 아파했다. 그날도 운동 때문에 씨름하고 있었다. 바깥에서 와, 웃는 소리가 들렸다. 텔레비전에서는 서울 사람과 부산 사람이 주거니 받거니 이야기 나누고 있었다. 사람들이 웃음을 터뜨리는 지점은 서울 말씨를 흉내 내는 부산 특유의 억양과 말투였다. 그 정도는 할 수 있었다. 나도 부산 사람 아닌가. 그길로 아무런 맥락 없이 말끝마다 과장된 어투로 서울말을 흉내 냈고, 남편은 "이제 그만, 윽, 아야." 이런 소리를 냈다. 한 번의 웃음은 윗몸 일으키기 25번과 맞먹는다는 말이 정말이었다. 고인 피를 빼내고 가슴에 달아놓은 관을 늦지 않게 제거할 수 있었다.

뭐가 그렇게 우스웠을까. 능숙하지도 않았을 텐데. 내게 진짜 웃기는 재능이 있었나. 그럴 리 없다. 웃음을 주는 일은 기꺼이 자기를 망가뜨려 남을 즐겁게 해주는 일. 웃음 자리에 초대된 사람을 최고로 대접하는 자기 낮춤. 그 때문이었다. 웃는 사람 역시 그 마음 자세를 알기에 어수룩한 개그에도 아낌없이 웃음을 내어놓는다. 그래서 웃음에는 호감이 자리하고 있다. 그런 까닭에 마음 놓을 수 있는 자리, 망가져도 부끄럽지 않은 자리, 언제든 따스한 눈길로 봐주는 가족 앞에서만 개그맨이 된다. 가족 앞에서만 세상에서 제일 웃기는 개그맨.

세상살이에 진지한 내가 가족을 웃기기 시작한 때로부터 나에게 웃음은 수행이다. 유행하는 유머를 알아 두고, 때와 장소에 적절하게 구사해야 한다. 했던 거 또 하면 재미없으니까, 응용은 필수다. 누가 어떤 걸 좋아하는지도 기억해야 한다. 그래서 늘 깨어있어야 한다. 단련을 게을리할 수 없다. 날카롭게 갈아 단박에 자르거나 혹은 살짝만 건드려 터뜨려야 할 때 자칫 타인을 어설프게 베는 칼이 될 수 있다. 그러기에 칼끝이 어디를 향하는지 놓치지 않기 위해서 갈고 닦아야 하는 자기 수행이다. 고수에 이르지 못한 나는 남편을 베고, 아이를 찌른다.

할 때와 하지 않아야 할 때를 가리는 신중함 또한 중요하다. 삶이 치열한 전쟁터인 아들에게 수다스러운 유머는 때로

공해다. 그럴 때는 말 없는 웃음이 더 좋다. 그 웃음은 위로가 되고 응원이 된다. 향일암 올라가는 계단에서 방문객을 맞는 다섯 아기 돌부처의 소리 없는 웃음. 가파른 경사길과 끝없이 이어지는 계단에 지칠 즈음, 문득 마주하는 부처님은 엄숙함이라고는 하나도 없이 두 손으로 입을 가리고 웃기도 하고, 까꿍 흉내를 내기도 한다. 두서너 살 된 아기가 할 행동을 하는 부처 모습에 보는 이까지 따라 웃는다. 웃다 보면 어느새 힘들었던 마음을 잊는다. 그리고 다시 힘을 낸다. 웃음은 그런 힘을 가진다. 상처 입은 마음에 닿지 않는 위로 대신 말 없는 웃음 지어볼 일이다.

웃음이 즐거움에다 감동까지 준다면 금상첨화다. 2013년 취임한 프란치스코 교황이 "나같이 모자라는 놈을 교황이라고 뽑아준 분들을 주님께서 용서해 주시길 바랍니다."란 말로 사람들을 웃게 했다. 자신을 낮추었으나 오히려 품격 있는 사람으로 보였다. 어색한 좌중에 즐거움을 선사하여 근엄한 교회와 교황을 친근하게 한 탁월한 솜씨였다. 역시 위안과 평화를 주는 교회의 수장, 이라고 고개 끄덕이게 했다. 진정으로 자신을 수양한 사람만이 할 수 있는 유머, 감동까지 품은 웃음은 멀고 아득한 내 소망이다. 웃음이 만들어 낸 환호로 숨죽였던 광장이 일렁이게 되듯 웃음은 긴장을 누그러뜨리는 윤활유다. 이런 효능을 잘 아는 우리는 중요한 자리에 웃음을 앞세운다. 오늘 그 일이 성공했다면 당신은 웃음이 곧 삶의 능력임을 아는 사람이며 삶을 윤택하게 하는 사람, 유머 좀 할 줄 아는 사람이다.

지금 이 땅은 위기다. 끝을 알 수 없는 욕망으로 기후 시계를 위태롭게 흔들어대고 다른 쪽에서는 그걸 보며 우울을 호소한다. 언젠가부터 폭격에 날아간 건물 더미와 상처 입은 사람들을 보는 게 일상이 되었다. 누군가의 욕심이 불러온 다른 누군가의 희생을 목격한다. 폭력에 한 번도 참여한 적 없지만 그로 인한 재난을 고스란히 앓고 있는 존재의 신음 소리가 들리는 듯하다. 우리가 살고 있는 땅 여기저기서 불운한 기운이 감도는 요즘, 무력한 내 모습에서 어디를 향한 것인지 누구에게인지 알 수 없는 고통과 분노를 느낀다.

이런 때야말로 웃음이 필요한 때이다. 진흙 속에서 연꽃이 피어나듯이 아수라장인 지금 여기서 웃음을 피우는 거다. 웃을 일이 있어야 웃나. 그냥 웃을 일을 만들면 되지. 웃음의 질보다는 빈도가 중요하다고 한다. 그러니 그냥 웃어 보자. 하늘 보고 '씨익' 입가에 웃음기 띠기만 해도 좋겠다. 이렇게 며칠 내내 비라도 오면 이 빗속에서도 무럭무럭 자라는 텃밭 채소를 바라보며 흐뭇한 웃음을 띠어도 좋겠다. 이 비도 아랑곳

없이 이 풀잎 저 나무 옮겨 다니는 새들 보며 눈웃음 지어도 좋겠다. 조잘대며 학교 가는 아이들 보고 반가운 미소를 지어도 좋겠다. 산책하는 길 냄새 맡느라 자기를 당기는 줄과 씨름하는 강아지를 보고 가볍게 웃어도 좋겠다. 했던 실수 또 해서 무안할 때 속없이 헤헤 웃어도 좋겠다. 그러다 진짜 웃기는 일이 생기면 크게 한 번 웃는 거다.

가족을 위해 시작한 일이 나까지 즐거워지는 이 일. 나와 가족을 바꾼 이 유쾌한 혁명이 마음에 꼭 든다. 웃기는 데 재미를 본 나는 몸이 망가지는 개그도 서슴지 않게 되었다. 늘 최고 반응을 하는 관객을 위해 더 나은 공연을 하고 싶다는 욕심이다. 남편은 이런 내게 묻는다.

"장모님도 마누라가 이러는 거 아시나?"

백설 공주

피부는 내리는 눈처럼 하얗고, 흑단처럼 까만 머릿결에 새빨간 입술을 가진 아이. 엄마는 소망하던 딸을 낳았다. 어여쁜 아이에게 백설이라는 이름을 지어주었다. 탄생 이래 아름다운 여성의 대명사가 된 백설 공주. 그 백설 공주만큼 이쁘지 않지만 나도 백설 공주다. 10년이 훌쩍 넘은 모임에서 얻은 이름이다. 도서관 독서치료 프로그램에 참여한 사람들이 활동이 끝난 뒤에도 의기투합했다. 모이고 보니 모두 여성이었다. 모임 이름만 지을 게 아니라 우리 각자에게도 새 이름을 지어주기로 했다. 새 이름을 짓는 조건은 공주 이름. 넘어지고 깨지면서 살아가는 우리에게, 우리가 우리 자신에게만큼은 공주라고 불러 주고 싶었다. 여자이고, 엄마이고, 딸이고, 주부이고, 며느리이고, 직업인이었던 우리에게 위로가 필요한 때였다. 아는 공주 이름은 다 불려 나왔다. 바리, 평강, 종이봉지, 자스민, 당글, 엄지, 오로라, 백설.

버려진 아이에서 삶과 죽음 사이를 잘 건너도록 인도하는 신으로 거듭난 바리공주. 보이는 그 너머를 헤아리는 지혜로운 공주 평강. 자기 삶을 스스로 개척한 종이봉지 공주. 알라딘의 세계에 갇히지 않고 모험을 꿈꾸는 먼 나라 공주 자스민. 홍역을 스스로 이겨낸 당글 공주. 작아도 당찬 엄지 공주. 지금은 잠들어 있어도 언젠가 자기 속에 숨어 있는 잠재력이 깨어날 때를 기다리는 오로라 공주. 이름을 정하고 나서 보니 하나같이 자신의 정체성과 어울리는 이름이었다.

그렇다면 나도 닮은 데가 있을 텐데. 백설 공주는 그 공주들과 비교해 주체성은 없고 다른 사람의 도움으로 살아가는, 요즘 말로 민폐 공주다. 수많은 공주들이 자기 삶을 사는 현대 여성상을 반영하여 재조명되고 영화나 만화 속에서 새로운 인물로 거듭나지만 유독 백설 공주만큼은 그렇지 못하다. 어떤 어려움도 자기 스스로 헤쳐 나가지 못하고, 게다가 했던 실수를 또 하는 어리석기 짝이 없는 존재니 그럴밖에. 이런 백설 공주와 나는 닮은 데가 하나도 없다. 얼굴이 하얗기를 하나, 머리칼이 흑단이기를 하나, 입술이 빨갛기를 하나. 외모는 그렇다 치더라도 성격조차 닮지 않았다. 적어도 나는 내

일은 스스로 하고, 다른 사람에게 의존하지 않는 주체적 여성이다. 그런데도 내 별칭이 된 이유는 다 고르고 남은 이름이었기 때문이었다.

  10년 넘어 백설 공주로 살다 보니 정이 들었다. 닮은 점도 보이기 시작한다. 백설 공주는 일곱 난쟁이가 낯선 사람에게 문을 열어주지 말라고 신신당부하는데도 낯선 이에게 문을 열어주었다. 그렇게 당했는데 자기에게 일어난 나쁜 일은 잘도 잊었다. 바로 얼마 전 죽을 뻔했는데, 한눈에 딱 봐도 위험해 보이는 낯선 방물장수를 덜컥 믿었다. 나도 사람을 잘 믿고 잘 속는다. 어리석다. 사기를 몇 번이나 당했다. 배로 불려 부른 값인 줄도 모르고 덜컥 사버리고. 이 보험은 보장성에다 저축성까지 추가된 상품이라는 외판원 말에 원금을 돌려받는다는 말인 줄도 모르고, 그렇게 되면 오히려 가치가 떨어져 손해가 되는 이치도 계산하지 못한다. 조상을 천도해 주어야 한다는 말에 덜컥 돈을 맡기기도 하고. 급하다고 사정하는 학부모에게 돈을 빌려주었다가 떼이기도 하고. 시험 쳐보라는 말을 제자로 받아주겠다는 약속으로 알고 시험에 응했다가 떨어뜨리는 교수에게 한 달을 먹지도 자지도 못하는 고통을 겪었음에도 학위가 아니라 멘토를 원한다는 말밖에 하지 못했다. 입학 시켜주지도 않을 거면서 두 번이나 시험을 치게 한 이유는 묻지 못했다. 선의로 도와주었을 뿐인데 비난을 돌려받기도 했다. 몇 번 속았다고 늘 그럴 거라 단정할 수는 없지 않은가. 세상이 그렇게 나쁜 곳은 아닐 거야. 이런 믿음은 확률로 보자면 내 승률이 높지만, 치명타가 컸다. 다음에 또 속지 않을 수 있을까. 모르겠다. 남편도 세상 물정 모르는 내게 일곱 난쟁이처럼 걱정이 많다. 새 물건을 보면 제값 주고 샀는지 확인하는 남편에게 내 나이가 얼만데, 이런 말을 하면서도 사실은 푸념할 처지가 못 된다.

  백설 공주가 번번이 도움을 받고서야 고난에서 벗어나는 게 답답했지만 나도 도움이 없다면 살아갈 수 없었다. 공주에게 일어난 재난을 해결해 주는 일곱 난쟁이가 있었듯이 땅바닥에 패대기쳐진 나를 일으켜 주는 존재가 있었다. 아프기 전까지는 몰랐다. 너무 당연하게 곁에 있어서 미처 알지 못했다. 당신 아니면 그 일을 해줄 사람이 없다며 도와달라던 사람들이 일 년 뒤에 손바닥 뒤집듯 마음을 바꾸었다. 상처는 마음이 받았는데 몸에 탈이 났다. 무언가를 해주던 사람에서 아무것도 할 수 없는 사람이 되었다. 그런 내게 남편은 지금부터 내가 할게, 라든가 언제까지 할게, 하는 말 없이 내가 하던 일을 하기 시작했다. 남편이 끓여준 채소죽이 기억난다. 어느 날에는 시금치를 듬뿍 넣어 초록색 죽이 되었고, 어느 날에는 양배추가 많아 노르스름했다. 여름에는 토마토가 많아 새콤달콤했고, 가을에는 호박과 고구마가 든 달짝지근한 죽이었다. 그러나 맛있는 죽을 먹으면서도 편하지 않았다. 자기 일 하면서 식사 준비하고 빨래하고 청소하는 게 쉬운 일은 아니니까, 언제 못하겠다고 이제 당신이 하면 안 되냐고 얼굴 붉힐지 알 수 없었다. 안면을 바꾼 그 사람들처럼 남편 마음이 언제 변할지 매일 묻고 시험했다. 잘 해줘도 탈이냐, 타박하지 않고 오히려 당신이 못 믿게 해서 미안하다 했다. 얼마나 지났을까. 꽝꽝 얼어붙은 마음이 녹았다. 식욕이 살아났고 살맛도 났다. 세상을 향해 튀어나온 뾰족한 가시도 사그라들기 시작했다. 지금 생각해 보면 남편의 사과는 세상으로부터 듣고 싶은 사과였다. 세상에 듣고 싶은 사과를 남편이 대신해 주었다. 덕분에 믿지 못할 세상이 살아볼 만한 세상으로 바뀌었다.

어느 날 내가 보였다. 나 역시 나를 기다리고 있었다. 분노에서 벗어나기를, 좌절에서 일어나기를. 위로라든가, 충고라든가 하는 섣부른 행동을 삼가고 그저 기다리고 있었다. 진흙탕에 빠져 허우적대는 동안 나를 가장 사랑하는 존재, 나 자신을 잊고 있었다. 처음으로 나를 가장 사랑해야 하는 이는 다른 누구도 아닌 나 자신이며 자신을 지극히 사랑하게 되면

타인의 사랑을 구걸하지 않아도 됨을 알았을 때 얼마나 행복하고 다행이었던가. 평생을 두고 나를 사랑하리라, 자신 있게 다짐했는데 잊고 있었다. 잊었던 그 마음을 다시 떠올렸다. 다시 약속한다. 지극하게 나를 사랑하겠다. 잊었던 걸 떠올렸을 뿐인데 마음이 평화로워졌다.

인생에서 가장 힘든 시기, 모든 게 무너졌다고 생각한 그때 내가 사랑받는 존재라는 걸 알게 된 건 아이러니였다. 순조롭게 흘러가는 인생에서는 발견하기 어려웠을 지 모르겠다. 힘든 시기가 아니었다면 사랑을 주는 존재를 어떻게 알아볼 수 있었을까. 이 세상에 존재하는 모든 생명은 그것이 무엇이든, 어떤 상황에 놓여있든 다 사랑스러운 존재라는 걸 어떻게 알아차릴 수 있었을까. 세상살이는 불공평하지만 공평하다. 사람들은 고통을 겪지 않았으면 하지만, 막상 고통은 진짜를 알아볼 기회를 주니까. 보물은 그때 발견한다.

자기 삶을 스스로 살지 못하는 여성이라서 백설 공주가 그다지 마음에 들지 않았지만, 이제는 한때 모든 게 무너졌던 내게 위로가 되는 이름이다. 얼굴이 이쁘든 못났든, 마음씨 착하든 미운 짓만 골라 하든, 세상 모든 사람은 다 백설 공주처럼 사랑받는 존재라는 이야기로 탈바꿈했다. 물론 나만의 백설 공주 이야기에 불과하다. 하지만 얼마나 아름다운 이야기인가. 잘 믿고 잘 속는, 어리석기 짝이 없는 나와 이름 모를 누군가를 위로하는 이야기. 우리에게 문제가 생겨도 도와주는 이가 적어도 한 사람은 있을 거라는 희망을 주는 이야기. 상처투성이 우리에게 그래도 당신은 사랑받는 존재라고 일깨우는 이야기. 이제 나는 다른 공주들처럼 당당하게 '나는 백설 공주'라고 말할 수 있다. 하지만 이렇게 덧붙이고 싶기는 하다. 넘어졌을 때 얻은 배움 덕분에 다시 주체적인 삶을 살게 된 백설 공주라고. 나를 가장 사랑하는 이는 어느 누구도 아닌 나 자신이라고.

환상 속에 내가 있다

좀비들이 쫓아온다. 앞 건물에 엘리베이터가 보인다. 있는 힘을 다한다. 쥐어 짜낼 수 있는 모든 힘을 다해, 할 수 있는 가장 빠른 움직임으로 닿았다. 숨이 턱 밑까지 차오른다. 가슴을 두드리며 진정시킬 새도 없다. 엘리베이터에 들어서자마자 버튼을 누른다. 웬일인지 엘리베이터 문이 닫히지 않는다. 앞에 서 있는 인간의 사정에는 아무 관심이 없는 듯, 문은 꼼짝달싹하지 않는다. 문 사이로 점점 가까이 다가오는 좀비. 이제 몇 발만 뛰면 건물 안으로 들어올 텐데, 조금만 더 있으면 엘리베이터 안으로 손이 덮쳐올 텐데, 문은 미동 하나 없다. 좀비의 손이 허공에서 헤엄을 치면서 박차고 오르는 순간, 벽에 몸을 붙이고 벌벌 떨면서 죽음이라는 운명을 받아들이는 순간, 문이 닫히기 시작한다. 닫히는 문 사이로 좀비의 손은 위협을 멈추지 않는다. 영원할 것만 같았던 시간이 지나고 엘리베이터 문이 닫혔다. 꼭대기 층 버튼을 누른다. 아, 드디어 벗어났나 보다. 이제야 설핏 미소가 지어진다. 그런데 뭐라 말하기 어려운 이 등골 서늘함. 무언가 잘못되었다. 엘리베이터가 올라가는 게 아니다. 다른 엘리베이터가 올라가고 있다. 옆에 보이는 물체의 위치가 달라지는 바람에 붕 떠오르는 느낌이 들었을 뿐. 엘리베이터가 투명해서 착각했다. 다시 보니 엘리베이터에 탄 것도 아니다. 엘리베이터 밖에 있다. 엘리베이터 안에 들어가기 위해 엘리베이터 열림 버튼이란 버튼은 다 눌렀지만 들어갈 수 없다. 더할 수 없는 낭패감으로 엘리베이터들이 올라가는 걸 지켜보고만 있다.

움직이면 꿈이 사라질까 봐 눈도 뜨지 않고 누운 채 복기했다. 몇 번을 되감으니 전체 이야기가 그려졌다. 손을 더듬어 머리맡에 있는 공책을 가져와 기록했다. 쓰면서도 우습다. 좀비 영화를 좋아하지도 않는데 웬 좀비 꿈. 왜 이런 꿈을 꾼 걸까. 어제 무슨 일이 있었지. 좀비에게 쫓길 만한 일은 아무것도 없는데. 그럼, 오늘 일어날 일 때문일까? 오늘은 무슨 일이 예정되어 있지. 오늘은, 첫 철학 수업이 있는 날이다. 오랜 바람으로만 있던 철학 수업을 듣게 되었다. 읽어야 하는 책은 만만치 않았다. 읽어도 읽어도 머릿속이 개운하지 않았다. 그 갑갑함 때문이었나. 혹시 나만 제대로 모르는 채 참석하는 건 아닐까, 하는 불안감. 그게 쫓기는 기분이었을까. 그래서 그런 꿈을 꿨나.

꿈을 알고 싶었다. 내가 나에게 무슨 말을 하고 싶은지 늘 궁금했다. 어떤 마음을 저장하였는지, 그 마음을 어떻게 표현하는지, 그걸 안다면 물 아래 잠겨 있는 빙산의 비밀을 조금이라도 엿볼 수 있지 않을까. 나와의 접속에 도전했다. 몇 번 시도하고 자주 흐지부지되었다. 내면과 만나는 일은 쉽지 않았다.

프로이트 말고 꿈을 들여다본 또 다른 사람을 알게 되었다. 보르헤스. 도서관에 가서 시간이 날 때마다 그가 동서고금의 꿈을 모아 엮은 책 『꿈 이야기』를 읽고 있다. 『꿈 이야기』 안에는 '조용한 소동'*이 벌어지고 있었다. 진정한 친구를 만나리라 예견한 길가메시의 꿈부터, 자신이 나비가 된 꿈을 꾼 것인지 나비가 사람이 된 것을 자신이 보는 꿈인지 알 수 없던 장자 이야기까지, 어디 있다가 튀어나온 것인지. 몽환적이고 예언적인 동서고금의 꿈 이야기에 쏙 빠져들고 만다. 그는 서문에서 시인이자 극작가이며 정치가이기도 한 '조지프

---

* 보르헤스, 반스톤/서창렬 옮김, 『보르헤스의 말』에 나오는 시 「책」 중에서, 마음산책, 2015, 121-122쪽.

에디슨'의 말을 빌려 꿈속에서 인간의 영혼은 육체를 벗어나 배우가 되고 극의 배경인 극장이 되며 동시에 관객이 되는 자유를 누린다고 한다. 그는 한발 더 나아가 잠을 자는 동안 인간은 우화 작가 역할까지 한다**고 덧붙인다.

만나지 못했을 뿐 내 꿈도 마찬가지다. 나는 꿈에서 고양이가 되었다, 누런 뱀이 된다. 파란 하늘이 되었다, 붉은 깃발이 된다. 춤을 추고 절을 한다. 그의 말처럼 나는 꿈에서 연출가가 되고 배우가 되고 극의 배경이 되며 우화 작가가 된다. 그의 주장에 설득된다. 다시 꿈에 접속해 보자. 자기 전 머리맡에 공책과 볼펜. 누운 자리에서 바로 꿈을 기록해야 하니까. 어느 날에는 꿈에서 깬 후 환히 기억나기에 화장실부터 갔다 와서 공책을 펼쳤는데 놀랍게도 아무것도 쓸 수 없었다. 그 짧은 시간에 기억은 끊어졌고 장면은 뒤죽박죽이 되었다. 꿈은 마치 빛바랜 종이 속 그림 같았다. 시간이 갈수록 더 흐릿해지고 자세히 보려고 빛을 밝히거나 집어 들기라도 하면 바스러졌다. 조각을 이어 붙이려면 더 산산조각이 났다. 더 바스라지기 전에 봐야 했지만 허락된 시간 안에 그것도 어둠 속에서 그림을 알아보는 게 여간 어려운 일이 아니었다.

** 보르헤스/남진희 옮김, 『꿈 이야기』, 민음사, 2016, 11쪽.

기록했다 해도 무슨 이야기인지 이해할 수 없고, 장면들은 연결되지 않았다. 어떤 때는 몇 개 이미지들만 떠오를 뿐이고. 납득할 수 없는 장면에 가위질하는 나를 발견했다. 뭔지도 모르는데 그렇게 한다면 꿈을 기록하는 의미가 없다. 이해하려는 노력 대신 기억나는 그대로 기록하기로 하였다. 좀비 꿈은 그렇게 기록한 꿈 중 하나다. 엘리베이터 안에서 버튼을 눌렀는데, 잠시 후 엘리베이터 밖에 있는 나라니 말도 되지 않는. 하지만 이성의 작동을 멈춘다. 대신 좀비에게 쫓기고, 달아난 줄 알았는데 여전히 위험에 노출되어 좀처럼 탈출하지 못하는 나를 발견한다. 말도 안 되는 장면이지만 위기에 처한 나를 이보다 더 잘 설명할 수 있을까. 이 순간만큼은 보르헤스의 말처럼 악몽이 더 치명적이고 독특한 매력을 선물하고 있다.

'수이제'에서 주최한 포럼에서 보르헤스의 도무지 현실에서는 일어날 것 같지 않은 꿈같은 이야기가 많은 작품에 영감을 주었다는 걸 알게 되었다. 남편이 인생 영화라고 말하는 〈인셉션〉에도 보르헤스의 그림자가 있다. 〈인셉션〉은 타인의 꿈에 들어가 생각을 훔치는 이야기다. 꿈속에 꿈, 내 꿈속에서 보는 그, 그의 꿈속에 찾아드는 나. 뭐가 꿈인지 뭐가 현실인지 도무지 알 수 없는, 꿈과 현실을 넘나드는 모호함에 남편은 열광했다. 남편이 그렇게 열광한 이유는 타인의 꿈에 들어갈 수 있고 그 꿈에서 생각을 훔치거나 다른 생각을 심을 수 있다는 설정 때문이었다. 남편이 놀라워한 그 상상이 보르헤스에게서 비롯되었다. 자신은 다른 사람에 의해 꾸어진 꿈이며 하나의 환영이라는 설정, 꿈에서 깨어나도 그건 단지 조금 전에 꿈에서 깨었을 뿐 또 다른 꿈속에 있다는 바로 그런 이야기. 그리하여 정황만 주어질 뿐 꿈속에 있는 건지, 꿈에서 깬 건지 오리무중인 끝이 난 듯 끝나지 않은 결말.

보르헤스가 수많은 작가와 감독에게 그랬듯 이제 수십 년을 지나고 대양을 건너 아시아의 한 여인에게 영감을 준다. 여인은 글쓰기는 받아쓰기[***]라고 한 그의 말을 충실하게 실행해 보려 한다. 여인에게는 꿈을 쓰는 일 역시 받아쓰기다. 누구나 들여다보고 싶은 자기의 무의식, 꿈속 그 마음을 받아쓰는 일이니, 어쩌면 가장 중요한 일일지 모른다. 찰나에 사라지고 마는 영혼의 말을 받아적는 일이라 깰 때도 조심조심 잠에서 빠져나온다. 머릿속에 무엇이 남아있나 확인한다. 기록한다. 때때로 공책을 뒤적이며 상상한다. 보르헤스 덕분에 악몽에 더욱 눈을 반짝이게 되었다. 공책을 들여다보고 묻는

[***] 보르헤스, 반스톤/서창렬 옮김, 『보르헤스의 말』, 마음산책, 2015, 146쪽.

다. 너 지금 무슨 말을 하고 싶은 거야? 그러면 꿈은, 영혼은 이렇게 말하겠지.

"환상 속에 내가 있다."

봄날의 등산

대장이 손가락으로 가리켰다. 저기 보이시죠? 정상이 보였다. 함께 갈 일행이 있고 게다가 내게는 지도가 있다. 입구에서 볼 때 길은 곧았고 얼마 안 가면 있을 듯했는데. 산으로 들어가니 길은 이내 무성한 나무에 가리고 거리를 가늠할 수 없다. 밖에서 볼 때는 곧은 길이었는데 들어서고 보니 이리 굽고 저리 굽는다. 이렇게 돌아가서야 언제 도착하겠나. 산이 다 그렇지, 별거 있나. 다리만 아프지, 재미는 없네. 잡념에 빠져 절로 뒤처진다. 그렇다고 한눈판 건 아닌데 앞서가던 사람 뒤 꼭지가 보이지 않는다. 꼬리를 자르고 도망간 도마뱀처럼 길도 흔적을 감추었다. 그제야 지도 꺼내고, 이정표 확인하며 길을 더듬다 두런거리는 소리에 와락 뛰다시피 하여 꼬리를 잡는다. 몇 발짝 차이도 아니었는데. 모퉁이를 돌아가는 길이어서 보이지 않고, 말소리도 들리지 않아 일행을 놓친 줄 알았다. 옆에서는 꽃향기가 어떻고 산세가 어떻다, 하는데 어쩐지 나는 쩔쩔매고 있다.

현대 철학을 읽는 일은 이와 같았다. 길잡이 해주는 선생님이 있지만 이내 길을 잃는다. 다시 길을 잃을까 봐 노심초사한다. 그렇기에 아직은 보이지만 보이지 않으며, 있지만 있지 않은 세계를 꿈꾸는 일이 어떤 건지, 이 세계와 저 세계 사이 경계에 서서 틈을 포착하는 일이 무엇인지, 그 일이 내 삶을 어디로 데려갈지 알 수 없다. 그래도 그 산에 오르고 싶어서, 세상을 휘돌아 온 바람을 마주하고 싶어서 길을 잃으면서 산을 오른다.

처음 철학을 접했을 때는 철학자의 사고와 언어에 길을 내야 했다. 플라톤의 『향연』으로 처음 낸 길은 걸을 때마다 걷기 좋은 길로 다듬어졌다. 더 깊이 이해하거나 새롭게 와 닿는 부분이 있으면 약수터를 찾을 때처럼 기뻤다. 『차라투스트라는 이렇게 말했다』는 또 다른 길이었다. 철학책은 논리정연하리라는 내 편견을 니체는 망치로 박살 냈다. 철학책이 이렇게 시적일 줄은, 이 길에 들어서기 전에는 알지 못했다. 어디선가 실려 오는 향기에 이끌려 도착해 보니 하늘은 시원하게 펼쳐져 있고, 그 아래 연보라색 꽃이 흐드러지게 피어

있는 등나무 군락을 발견했을 때 느끼는 기쁨이었다. 그래서 난해하다는 현대철학을 읽기로 했을 때도 그런 즐거움 하나쯤 발견하리라 기대했다.

들뢰즈의 『감각의 논리』를 읽을 때도, 아도르노의 『미학 이론』을 읽을 때도 기대를 놓지 않으려고 했다. 무슨 말인지 이해할 수 없지만 두 번, 세 번 읽다 보면 알 수 있겠지. 고개 끄덕거려지거나 굵게 밑줄 좍 긋는 부분이 나타나면 이제 길을 내려나, 반가웠다. 강독해 주는 선생님의 설명을 듣고, 발췌 읽기를 하는 동안 정상에 가고 있다고 믿었다. 낯설던 마그리트의 그림이 눈에 들어오기 시작했다. 베이컨의 기괴한 그림 뒤에 숨은 연민을 느낄 수 있었다. 대중에게 사랑받는 4악장을 골라듣는 대신 머리를 향해서인지, 가슴을 향해서인지 불유쾌하게 두드려 대는 말러의 교향곡 5번을 1악장부터 귀 기울여 듣게 되었다.

그러나 해체 철학자 데리다의 『글쓰기와 차이』는 달랐다. 책은 머릿속을 해체할 기세로 달려들었다. 내가 알고 있는 게 무언지 헤아리지 못했는데 그 무엇을 버려야 할 듯한. 알고 있는 게 무언지 알지 못해 버릴 것도 찾지 못한 채 한 달 넘어 안개 속에서 헤매는 중이다. 곧 꽃망울을 터뜨릴 장미가 바람에 하늘거리지만, 하얀 이밥이 무겁게 달린 이팝나무

가지가 손에 닿을 듯하지만, 봄의 유혹도 물리치고 책을 펼친다. 오늘은 산마루 하나라도 오르고야 말겠다는 기세로 '데리다'라는 등산을 시작한다.

산은 초입부터 오리무중이다. 길을 가는 건지, 잃고 헤매는지 알 수 없다. 1장은 '힘과 의미'. 루세의 구조주의적 평론을 비판하는 내용을 담고 있다. 작품을 구조 속에서 파악하는 관점은 전망도나 투시도처럼 전체를 잘 조망할 수 있게 해준다. 그러나 루세의 이러한 관점은 '구조 속에는 형식과 관계와 외형만 있는 것이 아니'라는 점을 간과한 것이며 그래서 작품이 가진 힘을 중화시키고 의미를 밍밍하게 만들어 버릴 위험이 따른다. 구조주의의 손쉬운 '도식화와 공간화 덕분에, 사람들은 힘들이 떠나버린 장을 용이하게 평면 위에서 둘러볼' 수 있다. 그러나 힘을 떼 내고, 골격만 남겨놓은 작품은 '비록 형식과 의미의 전체라고 해도 하여간 힘들이 떠나버린 전체성'[*]이 되어버렸다고 데리다는 말한다. 그렇겠다. 작품을 이해하는 일이란 힘줄도 피도 제거하고 **뼈**대만 남기는 일은 아니니 말이다. 우리는 때로 한 줄의 글에서, 거대한 건축물의 사소한 한 부분에서 영감을 얻기도 하니 그의 말이

---

[*] 자크 데리다, 남수인 옮김, 『글쓰기와 차이』, 동문선, 2007, 14쪽.

일리가 있다. 더더구나 '언어의 영역에서, 육체의 영혼과의 관계보다 더 깊이 영혼과 관계를 가지는 글쓰기의 영역에서'**는 말이다.

그러나 그가 쓴 글에서 내게 울림을 주는 말은 따로 있었다. 그가 내게 한 일은 바로 독자인 내 사고에 침범해 들어와서 딴지를 거는 일이었다. 밥을 먹든, 신문을 읽든, 영화를 보든 자꾸 생각나게 하는 일. 그리하여 지금까지 구축해 놓은 내 세계가 진짜인지 의심하도록 말을 거는 일이었다. 어쩌면 그가 원하던 그 일, 내 세계에 작은 금 하나가 생겼는지도 모르겠다.

> 우리의 담론은 철저히 형이상학적 대립들의 체계에 속한다. 이러한 소속 구조와의 결별은 어떤 조직 방식, 어떤 전술적 조작의 이용에 의해서밖에는 예고될 수가 없다. 이 전술이란 형이상학적 대립의 영역 내에서, 고유의 전술을 자신에게로 향하게 하여 해체력을 생기게 하는 것이다. 이 해체력은 체계 전체에 그 힘을 확대시켜 체계 전반에 균열을 만들고, 제한을 가하여 체계를 붕괴시킬 것이다.***

** 앞의 책, 32쪽.
*** 앞의 책, 37쪽.

이제 스승 푸코에게 맞짱을 뜨는 2장, 코기토와 광기의 역사로 넘어갈 차례다. 역시 데리다에게 가는 길은 설렘보다는 낯섦과 흔들림을 동반한다. 햇살이 서편 산에 걸렸다. 초보의 등산이다. 열심히 간다고 해서 해 지기 전에 도달할 거리는 아니다. 안 쓰던 근육을 쓴 바람에 땐땐해진 다리를 주무르고, 용을 쓴 어깨도 풀어주어야 하리. 다시 산을 오르기 위해서는.

다리와 어깨를 주물러주는 동안에도, 쉼 없이 돌아가는 기계가 찍어낸 물건이 되어버린 사람과 사회에게 묻는 그의 말이 맴돈다. '단순한 양자택일 대신에, 용어들 가운데 하나를 단순히 선택하거나 시리즈들 가운데서 하나의 시리즈를 선택하는 것 대신에, 우리는 새로운 개념들과 새로운 모델들을, 요컨대 이러한 형이상학적 대립 체계를 벗어나는 균형체를 찾아내야'**** 하지 않느냐는. 이제 겨우 공고한 세계를 들여다보게 되었을 뿐인 나는 아직 형이상학이 내게 만들어 놓은 거대한 체계를 알지 못한다. 형이상학이 만들어 놓은 체계를 알지 못하기에 차이를 알지 못할 뿐 아니라 형이상학의 대립 체계를 벗어날 균형체 또한 모른다. 하지만 글이 가

**** 앞의 책, 49쪽.

지는 힘은 알았다. 언어에 저항하기. 이 긴 등산이 끝나는 즈음에는 이런 시도를 해 볼 수 있기를 꿈꾸어 본다.

    그러므로 이 언어로부터 해방되도록 시도해야 한다. 언어로부터의 해방을 시도하자는 것은 아니다. 어차피 그것은 우리의 역사를 망각하지 않는 한 불가능하다. 다만 그것을 몽상이라도 하자. 언어에서 해방되기를 몽상하자는 것이 아니다. 그것은 아무런 의미도 없을 뿐더러 우리에게서 의미의 빛을 박탈하기나 할 것이다. 하지만 최대한 멀리 언어에 저항하려고 시도해야 하는 것이다.*****

***** 앞의 책, 36쪽.

빨간 불 다음 초록 불

약속 시간에 늦어 마음이 급했다. 꾸물거린 것도 아닌데 많이 늦었다. 애타는 줄 모르는지 버스도 늦었다. 버스에서 내리면서 횡단보도 신호등을 보았다. 빨간 불이다. 다행이다. 근데, 아직 횡단보도에 도착하기 전인데, 초록색으로 바뀌었다. 저걸 놓치면 또 한참을 기다려야 한다. 가방을 붙들고 뛰기 시작했다. 뛴 덕분에 신호가 바뀔 시간이 한참 남았다. 시간이 많으니 천천히 가도 되었다. 그런데 횡단보도로 뛰어든 몸은 가속이 붙어서 멈추어지지 않았다. 게다가 달리는 발은 가볍고 기분도 좋았다. 뺨을 스치는 바람도 겨울바람답지 않게 온기를 실었다. 얼마 만에 느끼는 가벼움인가. 그러다 갑자기 울컥 눈물이 솟았다. 횡단보도 한가운데서 뛰다가 눈물을 흘리다니. 웃다가 우는 사람은 있고, 울다가 웃는 사람도 있지만, 횡단보도 한가운데서 뛰다가 우는 사람이라니. 얼른 소매로 눈물을 훔치고 뛰던 걸음을 늦추었다.

이런 날이 올 줄 몰랐다. 2017년에는 이런 날이 오리라 기대할 수 없었다. 한나절을 견디지 못하던 몸이, 그래서 잦은 조퇴에, 집에 오면 드러눕기 바빴던 내가, 결국 30여 년 몸담은 직장을 그만두기까지 했는데. 이렇게 어린아이처럼 폴짝폴짝 뛰게 될 줄은 꿈에도 생각하지 못했다. 나를 사랑해 준 모든 존재가 한꺼번에 스쳐 지나갔다. 햇살과 바람과 나무와 꽃과…, 고통의 시간을 함께한 이들이. 내가 일어나기를 기다려 온 이들이 이 순간 내게로 와서 축하해 주는 것만 같았다. 그들에게 둘러싸여 같이 기쁨을 나누고 있는 것만 같았다.

이만큼밖에 안 걸릴 줄 몰랐다. 기적이다. 밥을 제대로 먹을 수 없었던 때를 생각해 보면, 10분도 걷기 힘들었던 때를 떠올리면, 떨어지지 않는 걸음을 옮겨가며 죽을힘을 다해 금정산을 오르던 때와 비교하면 이건 정말 기적이다. 그때 몸의 한계에 얼마나 자주 부딪혔으며 얼마나 자주 마음이 나락으로 떨어졌던지. 하루 살아가기도 벅찬 그때는 내일을 기약할 수 없었다. 엎친 데 덮친 격으로 난독 증상까지 찾아왔다. 마음이 아파서 이런 걸 거야. 다독였지만 하필이면 글을 많이 읽어야 하는 직업이라는 게 그렇게 고통스러울 수 없었다. 놓치는 내용이 있을까 봐, 그래서 실수할까 큰 글씨로 인쇄해서 줄을 그으며 10번이고 20번이고 이해될 때까지 읽어야 했다. 혹시나 해서 돋보기를 사고, 그래도 나아지지 않아 다시는 글을 읽을 수 없을까 봐, 세상 구경 못 할까 봐, 얼마나 무서웠는지 모른다. 그때는 상상조차 하지 못할 일이 지금 일어나고 있다. 마치 나비처럼 팔랑거리지 않는가. 아이처럼 중력을 이기고 뛰고 춤추지 않는가. 무지개색으로 찬란한 세상을 마주하고 있지 않는가.

빨간 불 다음에 초록 불이 켜졌다. 빨간 불 앞에서 그렇게 울고만 있을 일이 아니었다. 아니다. 슬프니까 서러우니까 화나니까 억울하니까 퍼질러 앉아 울 수 있었다. 그땐 우는 거 말고 할 수 있는 게 없었으니, 그 마음을 그렇게라도 풀지 않으면 병이 더 깊어졌을지도 모른다. 하지만 실컷 운 다음에는 눈물 닦고 일어나 옷에 묻은 먼지 툴툴 털고 기다려도 되었다. 언제 울었냐는 듯 멀쩡한 얼굴로 되살아날 수 있었다. 빨간 불 앞에 멈추어 선 세월이 영원할 것 같았지만 그리 길지 않았다. 오히려 초록 불이 켜질 때를 대비해서 다리에 힘을 기르고, 팔 힘도 길러서 신호 바뀔 때 팔 흔들며 씩씩하게 걸어갈 수 있게 해야 했다. 언제 날아오를 일이 생길지 모르니 마음도 깃털처럼 가볍게 할 일이었다.

　이렇게 크게 넘어졌으니 다시 넘어질 일이 없겠지, 누가 묻는다면? 예라고 대답할 것 같지만, 아니다. 천만에. 지금 마음이야 다시는 넘어지지 않을 듯하지만, 조심조심 걸어서 돌부리란 돌부리는 죄다 피할 수 있을 듯하지만, 그렇지 않으리라는 걸 안다. 그뿐이 아니다. 크게 아팠던 일은 이내 잊을 터이다. 잊고 살다가 다시 산 넘어 산인 날을 또 맞으리라.

　그러니 또 언제 빨간 불이 켜질지 모를 일이다. 그럼, 넘어지지 않도록 조심하며 살아야 할까? 이번에도 아니요, 큰 소리로 답하겠다. 그렇게 살아지지도 않지만 그렇게 무서움에 떨며, 노심초사할 필요 없다. 그냥 사는 거다. 처음에야 단단히 다짐하겠지. 어디서 튀어나올지 모르는 무시무시한 존재를 잘 알아차려야 한다고. 그런데 그게 그렇게 잘 된다면야 세상일이 무슨 문제가 있겠나. 어느 순간 잊고 마는 게 인간이다. 대신 어느 때에, 어디서 빨간 불을 만났는지는 기억해 놓겠다. 그래도 우리는 망각의 동물 아닌가. 그것조차 금방 잊게 되리라. 그렇게 잊고 살다가 또 빨간 불이 켜지면 신호등 앞에서 기다리면 된다. 한번 기다려 봤으니, 길지 않다는 건 안다. 호되게 당했으니 처음보다는 덜 당황하지 않을까. 덜 무서워할 수도 있겠다.

　한 번의 경험으로 실수를 쉬이 고치고 엄청나게 지혜로워진다면 얼마나 좋을까. 그러나 전혀 그렇지 못하다. 했던 실수 또 하고, 하던 잘못도 쉽사리 고치지 못한다. 두 번 다시 이런 일 당하지 않도록 고쳐 보겠다고 장담하기도 어렵다. 대신 이것만은 장담할 수 있다. 하늘이 무너질 만큼 큰 아픔이 아닐까 두려웠지만 내 상상이 만들어 낸 두려움보다는 덜 아팠다고. 아프긴 했지만 견뎌졌고, 이겨내졌다고. 그래서 다시 넘어져도, 그다지 겁낼 필요 없다는 걸 안다. 왜냐하면 빨간 불 다음에는 초록 불이 켜지니까. 그걸 아니까 덜 무서워할 수 있다. 초록 불이 켜진 줄 알고 걸어도 아직 다 건너지 않았는데 너무 빨리 빨간 불로 바뀔 수 있다는 것도 이제는 안다. 그걸 아니까 덜 놀랄 수 있다. 그러니 언제 들어올지 모르는 빨간 불에 덜 놀라기로 한다. 이 또한 지나가니까. 다음에 초록 불이 켜지니까. 기다릴 수 있다.

빨간 불 다음 초록 불

1판 1쇄 펴낸날 2024년 9월 13일

지은이 김희영
펴낸이 서정원
펴낸곳 도서출판 전망
주소 48931 부산광역시 중구 해관로 55(201호)
전화 (051) 466-2006
팩스 (051) 441-4445
이메일 jmw441@hanmail.net
출판등록 제1992-000005호
ⓒ김희영 KOREA

ISBN 978-89-7973-633-5

값 14,000원

* 저자와의 협의에 의해 인지를 생략합니다.
* 이 책 내용의 전부 또는 일부를 재사용하시려면 저작권자와 도서출판 전망 양측의 동의를 받아야 합니다.

이 책은 2024년 부산광역시, 부산문화재단
<부산문화예술지원사업>으로 지원을 받았습니다.